L'Invasion allemande de l'Alsace-Lorraine

Alfred Mézières

# L'Invasion allemande
# de l'Alsace-Lorraine

Editions Le Mono

© Editions Le Mono, 2016
www.editionslemono.com

ISBN : 978-2-36659-170-5
EAN : 9782366591705

# Partie 1

## Le Bombardement de Strasbourg

Les deux journées de Wissembourg et de Reischoffen, grosses de tant de désastres pour notre pays, livrèrent du premier coup l'Alsace surprise et désarmée à toutes les horreurs de l'occupation étrangère. Envahi le 4 août, le département du Bas-Rhin fut en grande partie occupé dès le 6 du même mois, et si complètement séparé de la France qu'il devint depuis lors impossible d'y envoyer aucun secours sérieux. Ainsi abandonnée, cette noble contrée ne s'abandonna pas elle-même. Les soldats, les hommes armés s'enfermèrent dans les places fortes et se préparèrent à s'y défendre jusqu'à la mort. De tous les glorieux épisodes de cette triste guerre, aucun n'a plus ému notre patrie que la résistance de Strasbourg, que l'énergie de la garnison et la constance des habitants au milieu de tant de maux. Dès qu'on connut à Paris ce qu'ils souffraient, ce qu'ils savaient supporter pour la France, le peuple parisien, dans un élan spontané d'admiration et de reconnaissance, se porta en foule vers la place de la Concorde et alla couvrir de drapeaux et de couronnes la statue qui représente la ville de Strasbourg.

Les Alsaciens présents à Paris se réunirent de leur côté au nombre de plus de 2,000, ouvrirent une souscription en faveur des victimes du siège, et prouvèrent à l'Allemagne par l'énergie, par l'unanimité de leur résolution, que tous les enfants de l'Alsace préféreraient le sort des Strasbourgeois à la perte de leur

7

nationalité. Beaucoup de villes en France s'associèrent aux manifestations de Paris, comme pour témoigner de la patriotique union de toutes nos provinces en face de l'étranger. Nous voulons à notre tour honorer une province généreuse en racontant au pays les maux qu'elle vient d'endurer, les actes de courage qu'elle vient d'accomplir pour ne pas se séparer de nous, pour demeurer française sous le canon prussien.

Les fausses nouvelles se répandent si facilement en France et y trouvent tant de crédit que notre premier soin doit être de démêler la vérité au milieu de récits souvent contradictoires. Nous n'accepterons donc que les faits certains et prouvés, nous écarterons avec intention les détails douteux, lors même que ces détails, plairaient à notre imagination ou flatteraient notre patriotisme. L'histoire doit se défendre de la crédulité aussi bien que des passions populaires. Du reste la vérité toute simple fait trop d'honneur à nos concitoyens de l'Alsace pour que de faux ornements ajoutent quelque chose à l'unanime sympathie, au respect qu'inspire leur conduite.


I

Nulle part dans notre pays, la déclaration de guerre ne fut accueillie avec une émotion plus sérieuse qu'en Alsace. On y connaissait trop bien les Allemands, leurs convoitises et leurs prétentions pour ne pas comprendre tout de suite que la nationalité même du Bas et du Haut-Rhin allait être mise en question, qu'il s'agissait cette fois de rester Français ou de subir les dures lois de la conquête. Les paysans eux-mêmes, sur toute la frontière bavaroise, de Niederbronn à Wissembourg, demandèrent des armes pour se défendre. Le gouvernement, qui se défiait trop de la nation pour armer chaque citoyen, qui d'ailleurs prétendait s'attribuer à lui seul tout l'honneur de la victoire, rejeta dédaigneusement cette demande malgré les pressantes sollicitations de quelques députés. Le premier résultat d'une politique si peu nationale fut de livrer à l'invasion un pays sans défense et d'exposer ceux qui se défendaient à toutes les rigueurs de la loi martiale. Dès leur entrée en campagne en effet, les Prussiens annoncèrent que les paysans français, n'étant organisés comme les leurs, ni en bataillons de gardes mobiles ni en bataillons de gardes nationaux, seraient passés par les armes, s'ils essayaient de résister. Cette loi si dure me paraît point avoir été appliquée le premier jour car les journaux allemands racontent que parmi les prisonniers de Wissembourg se trouvaient deux paysans accusés d'avoir tiré sur les troupes prussiennes. Ces malheureux, n'ayant point été fusillés sur place dans la chaleur de l'action, ne le furent sans doute pas plus tard ; mais, dans les combats suivants et dès la journée de Wœrth, les vainqueurs usèrent rigoureusement du droit, qu'ils s'attribuaient, droit extrême, contraire au droit des gens, qu'ils maintiennent encore aujourd'hui et contre lequel le gouvernement français aurait dû protester à l'origine au nom des lois internationales. La meilleure manière de rendre vaine la prétention des Prussiens eût été de donner un fusil et un uniforme à chaque citoyen. Cette précaution n'ayant point été prise et ne pouvant plus l'être dans les provinces envahies, il fallait opposer au code militaire de la Prusse le droit primordial qui appartient à chaque citoyen de défendre sa propriété, sa maison, son champ, contre l'invasion de l'étranger. Aucun combat n'est assurément plus légitime que celui qu'on livre pour la défense de ce qu'on possède. Vainement les philanthropes diraient-ils, comme le font quelques théoriciens de l'Allemagne, que le système prussien adoucit les maux de la guerre en les limitant aux armées belligérantes, en épargnant les populations civiles. Un tel langage ne convient point à une nation qui fait un soldat de chacun de ses citoyens, et qui, au moment où elle s'arme tout entière, prétendrait refuser le même droit à ses ennemis. On ne pourrait d'ailleurs le croire sincère que si ceux qui le tiennent s'engageaient en même temps à n'imposer aucune charge aux populations civiles. Dès qu'on demande à celles-ci quelque chose, on leur donne évidemment le droit de refuser ce qu'on exige d'elles ; dès qu'on touche à leur propriété, on ne peut leur prescrire de se laisser dépouiller sans se défendre.

En un mot, les Prussiens affichent deux sortes de prétentions absolument inconciliables : d'une part, ils prétendent au nom de l'humanité, pour verser le moins de sang possible, ne pas vouloir traiter en ennemis les populations civiles, et leur refuser par conséquent la qualité de belligérant ; d'autre part, ils leur enlèvent, en vertu du droit du vainqueur, tout ce qui peut servir aux besoins et même au bien-être de leur armée. Ils les excluent du droit de la guerre dès qu'il s'agit pour elles de se défendre ; mais ils leur appliquent ce même droit avec la dernière rigueur dès qu'il s'agit pour elles de payer. Ils ne leur laissent en réalité qu'un privilège, celui d'être rançonnées. Une proclamation du roi de Prusse, publiée le 17 août par la *Gazette de Francfort*, établit très nettement la situation que la guerre fait aux habitants. S'ils se permettent le moindre acte d'hostilité contre les troupes prussiennes, on leur promet le conseil de guerre et la mort. Si au contraire ils accueillent pacifiquement les soldats, on met à leur charge tous les frais de l'entretien de l'armée. La mort ou la ruine, voilà l'alternative que leur offre le roi. « Seront punis de mort, dit la proclamation, toutes les personnes qui, sans appartenir à l'armée française, servent d'espion à l'ennemi, donnent de fausses indications aux troupes allemandes en leur servant de guides, tuent ou pillent des personnes appartenant à l'armée allemande ou à sa suite, détruisent des ponts, des canaux, enlèvent des fils télégraphiques ou des rails de chemin de fer, rendent les routes impraticables, mettent le feu aux munitions, aux vivres, aux quartiers occupés par les troupes, prennent les armes contre les troupes allemandes. Pour chaque cas spécial, il sera institué un conseil de guerre qui examinera la cause et prononcera. Le conseil de guerre ne pourra prononcer d'autre peine que celle de la mort ; la sentence sera suivie immédiatement de l'exécution. Les communes auxquelles appartiennent les coupables, ainsi que celles où le crime aura été commis, seront condamnées à une amende qui équivaudra au chiffre de leur impôt annuel. »

Tel est le sort que la Prusse réserve aux habitants des villes et des villages français qui se défendent. S'ils ne se défendent pas, on veut bien leur accorder la vie, mais à quelles conditions ? « Les habitants, dit encore la proclamation royale, auront à fournir tout ce qu'exige l'entretien des troupes. Chaque soldat devra recevoir par jour 750 grammes de pain, 500 grammes de viande, 250 grammes de lard, 30 grammes de café, 60 grammes de tabac, cinq cigares, un demi-litre de vin, ou un litre de bière, ou un décilitre d'eau-de-vie. La ration d'un cheval, car il faut aussi nourrir les chevaux est fixée par jour à 6 kilos d'avoine, 2 kilos de foin, 1 kilo 1/2 de paille. Si les habitants préfèrent une indemnité en argent aux impositions en nature, ils devront donner 2 francs par chaque soldat. » Le vainqueur, on le voit, se pique de générosité ; à défaut de vivres, il accepte de l'argent.

Au fond, ce manifeste, que le gouvernement impérial eut le tort de laisser publier sans protestation, n'accorde aux citoyens français aucun des droits de la guerre et leur en laisse toutes les charges. Il est vrai que dans un dernier paragraphe, le roi de Prusse ajoute, comme pour adoucir la rigueur des prescriptions qui précèdent : « On ne pourra réclamer aux habitants que ce qui est indispensable à l'entretien des troupes. Des bons seront délivrés officiellement à cet effet. » Vaine et illusoire garantie ! rien de plus précis et de plus rigoureux que les exigences prussiennes, rien de plus vague que ce prétendu adoucissement. Qui donc jugera ce qui est indispensable aux troupes ? Tiendra-t-on compte en même temps de ce qui est indispensable aux habitants ? car enfin, si les troupes prussiennes réclament le droit de vivre, il faut bien que les habitants vivent aussi. S'occupera-t-on de savoir si les ressources du pays répondent aux besoins de l'armée ? si, quand on aura donné tout ce que demande la proclamation, il restera quelque chose aux villes et aux villages rançonnés ? Pensera-t-on aux nécessités de l'avenir, à ce que les habitants ont besoin de conserver chez eux pour ensemencer, pour cultiver la terre ? Leur laissera-t-on assez de bestiaux, assez de blé, assez de chevaux ?

Si on leur prend ce qu'ils possèdent aujourd'hui, si on détruit en germe leurs récoltes futures en vidant leurs greniers et leurs étables, à quoi leur serviront les chiffons de papier délivrés par l'autorité prussienne sous le titre de bons ? Qu'est-ce que ces bons d'ailleurs, et qui les paiera ? Des personnes qui en ont eu entre les mains nous affirment que chaque bon est une sorte de reconnaissance très vague, payable après la guerre par le vaincu. Pauvre vaincu ! Quel qu'il soit, la guerre le mettra hors d'état de payer ses dettes. D'ailleurs la proclamation du roi de Prusse, déjà si contestable au point de vue du droit des gens, ne contenait que la théorie économique de la guerre. En pratique, le caprice des chefs de corps, les besoins réels ou prétendus d'une armée immense, aggravaient singulièrement des dispositions déjà si dures. Nulle part on ne demandait moins que ne l'exigeait le roi ; presque partout on demandait davantage. D'après le texte même et les termes si élastiques de la proclamation, chaque commandant demeurait juge de ce qui était indispensable aux troupes, et au strict nécessaire ajoutait le superflu. On en jugera par quelques chiffres. M. About, témoin oculaire, a raconté ce qu'avait souffert la petite ville de Saverne, si rapidement occupée par l'ennemi après le désastre de Reischoffen. Haguenau, où entraient le 7 août au matin les premiers éclaireurs, où s'établissait le jour même une division de cavalerie badoise, n'eut pas seulement à loger et à nourrir des milliers d'hommes ; les vainqueurs y levèrent encore immédiatement une contribution de guerre de 1 million, fort supérieure aux ressources de la ville, et dont les habitants ne purent réunir les fonds qu'en envoyant à Bâle les délégués du conseil municipal contracter un emprunt. A Erstein, 6,000 cigares étaient exigés en trois jours. Le canton de Barr devait fournir au quartier-général des troupes allemandes 54,000 kilogrammes de pain, 72,000 kilogrammes de viande, 18,000 kilogrammes de riz, 1,800 kilogrammes de sel, 1,800 kilogrammes de café torréfié, 2,400 kilogrammes de café non torréfié, 50,000 litres de vin, 2,400 quintaux d'avoine, 600 quintaux de

13

foin, 700 quintaux de paille. Plusieurs millions étaient en outre demandés à différents cantons du Bas-Rhin. Là même où ne séjournaient pas les troupes ennemies, elles frappaient le pays de leurs lourdes réquisitions, et allaient en réclamer le montant avec une ponctualité implacable. Leurs courses à travers le département et jusque dans la montagne n'avaient d'autre but que d'élargir le cercle de leurs rapines et d'augmenter leur part de butin. Hors des environs immédiats de Strasbourg, qui était l'objectif déterminé de leurs attaques, elles ne s'établissaient nulle part, mais on les voyait partout, partout elles répandaient l'épouvante. Elles fixaient l'époque où elles reviendraient pour emporter ce qu'elles avaient demandé, et on les savait si exactes qu'on les attendait avec terreur.

Beaucoup même ne les attendaient pas, et à l'approche de l'ennemi cherchaient un refuge dans les bois, dans les défilés, sur les hauts sommets des Vosges. Une véritable panique s'emparait de villages entiers. La rapidité foudroyante de l'invasion, les succès si soudains et si complets de l'armée prussienne, la déroute de deux corps d'armée français dont les fuyards répandaient l'anxiété, le système de réquisitions imposé par les vainqueurs dès le premier jour, la renommée qui grossissait encore leurs exigences, affolaient les populations. Les bruits les plus alarmants se propageaient de proche en proche, pénétraient jusqu'en Lorraine, et faisaient déserter une partie des communes où l'on supposait que les Prussiens pouvaient passer. On disait que les femmes, que les jeunes filles étaient exposées de leur part à de véritables cruautés, à des mutilations barbares, sans parler des derniers outrages. A Nancy même, ces rumeurs arrivaient en même temps que la nouvelle du désastre de Mac-Mahon et y causaient une panique générale. Les routes se couvraient de fugitifs ; les mères envoyaient leurs enfants vers le centre de la France, ou les emmenaient elles-mêmes, quand un autre devoir ne les retenait pas sur place. Une foule anxieuse assiégeait les gares où s'amoncelaient des montagnes de bagages. Les employés de la compagnie de l'Est, qui venaient de travailler jour et nuit au transport de nos troupes, méritent qu'on signale au pays l'activité et le dévouement avec lesquels fis affrontaient de nouvelles fatigues pour organiser le départ d'un si grand nombre de personnes. Jusqu'au bout, ils sont restés sur la brèche sans se reposer ni se plaindre. En Alsace, le soir même de la bataille de Reischoffen, des fuyards annonçaient aux paysans terrifiés que les Prussiens emmenaient avec eux tous les nommes valides et les forçaient à marcher au premier rang de leur armée contre les troupes françaises. Tel était l'effroi des habitants des campagnes, que le 7 août au point du jour, beaucoup de jeunes gens abandonnaient les villages, un petit paquet à la main, pour se réfugier sur les hauteurs ; une partie de la population d'Obernai s'enfuit ainsi à la seule nouvelle de l'approche des Prussiens. Le soir, les fugitifs, n'ayant aperçu du haut de la montagne aucun mouvement de troupes, revenaient un peu honteux de leur précipitation. Armés et organisés, ces mêmes hommes eussent été d'admirables soldats. Ils le sont aujourd'hui derrière les remparts de Schlestadt, de Béfort ou dans les défilés des Vosges. Les Alsaciens et les Lorrains de la montagne ne demandaient que des armes. On leur en a longtemps refusé. Le premier soin du gouvernement nouveau a été de leur en donner. Ils en font, ils en feront un usage patriotique. Si le tunnel de Saverne a été détruit, comme on l'annonce, comme nous avons de bonnes raisons de le croire, ce sont eux qui inquiètent ainsi les derrières de l'armée prussienne. Leur patriotisme ne se bornera pas à cet exploit. Avant la fin de la guerre, nous entendrons parler plus d'une fois des francs-tireurs vosgiens.

La chaîne des Vosges, même après tous nos malheurs, même après la prise de Strasbourg, offre encore une admirable ligne de défense pour des guérillas agiles qui sillonneraient la montagne, sans bagages, sans artillerie, qui tomberaient sur les convois de l'ennemi, fusilleraient les uhlans derrière les buissons, et couperaient à chaque instant les communications du gros de l'armée avec les corps isolés. Les Prussiens n'occupent pas toute la montagne, et, quel que soit leur nombre, ne peuvent même aujourd'hui en garder tous les chemins. Pour ne pas s'éparpiller sur un immense espace, ils paraissent n'avoir songé jusqu'ici qu'à se maintenir à une des extrémités de la chaîne, entre Bitche et Saverne. Ils gardent ainsi deux lignes de chemin de fer, et maintiennent leurs relations avec l'armée qui assiégeait Strasbourg ; mais au-dessous de Saverne, entre Saverne et Béfort, s'étend la partie la plus haute et la plus escarpée de la chaîne des Vosges. C'est là qu'un général américain, après le désastre de Sedan, conseillait à nos généraux de jeter une armée par Lyon, par Vesoul, par Besançon, tant que Strasbourg, Phalsbourg et Bitche tenaient encore, tant que les Prussiens ne pouvaient employer à la garde des défilés que des forces insuffisantes. La prise de Strasbourg rend malheureusement disponible une partie des troupes qui assiégeaient la ville. Cependant il serait encore possible, par un effort énergique, de tourner ou de forcer Saverne et de pénétrer vers Bitche, dans le département de la Moselle. C'est même là le seul espoir qui nous reste de rentrer en communication avec le maréchal Bazaine. Le jour où l'armée de Metz entendrait le bruit de notre fusillade, peut-être son intrépide général, en laissant derrière les remparts, sous la garde des forts, ses bagages et son artillerie, parviendrait-il à porter toutes ses forces d'un seul côté, à faire une trouée à travers les lignes prussiennes et à gagner la montagne. Une fois là, il serait invulnérable. Quel beau théâtre les Vosges ne lui offriraient-elles pas pour une guerre analogue à la campagne du Mexique, pour une guerre d'escarmouches, d'embuscades, de surprises où l'on éviterait les grands engagements, où l'on userait et détruirait l'ennemi en détail ! La marche rapide des Prussiens les expose en effet à un grave danger : plus ils pénètrent en France, plus leur ligne s'étend et s'affaiblit. De Strasbourg à Paris, ils ont à garder cent trente lieues de terrain en ligne droite, sans compter ce qu'ils emploient de troupes au siège de Bitche, de Phalsbourg, de Metz, de Thionville, de Longwy, de Verdun, Montmédy, Mézières et Soissons. Depuis le commencement de la campagne, ils ont marché au plus pressé, allant droit devant eux, comptant sur la rapidité foudroyante de leur marche pour nous imposer des conditions de paix, négligeant tous les points secondaires et ne s'écartant de leur route que pour s'approvisionner. Cette tactique a réussi par la faute de nos généraux autant que par l'habileté des généraux ennemis ; mais si le sud-est de la France, de Lyon à Béfort, si la Bourgogne et la Franche-Comté font un effort énergique, des corps d'armée hardis peuvent se jeter sur la gauche de l'armée prussienne, et dans ce long espace de cent trente lieues détruire sur plusieurs points ses communications avec l'Allemagne.

Au fond, nos ennemis n'ont ainsi étendu leur ligne de bataille que pour atteindre avant l'hiver des résultats importants, pour frapper des coups qu'ils considéraient comme décisifs. Strasbourg, Metz, Sedan, qu'ils n'avaient point l'intention d'attaquer, mais où les fausses manœuvres de nos généraux leur ont offert l'occasion d'une victoire inespérée, enfin Paris, où depuis le début de la campagne ils espèrent signer la paix : voilà les points sur lesquels ils ont concentré leurs forces sans se laisser distraire — autrement que par les nécessités de la stratégie — de leur marche directe et rapide vers le cœur de la France. Toute opération qui s'écartait de ce chemin les détournait de leur but. S'ils s'acharnent autour de Bitche et de Phalsbourg, s'ils ont tenu à emporter Toul, s'ils assiègent Montmédy et Verdun, c'est que toutes ces places gardent des passages, des lignes de chemin de fer, et retardent la marche de leurs convois, de leurs renforts, de leur matériel de siège.

Depuis Ramberviller, au pied des Vosges, jusqu'à Melun, on tracerait une ligne presque droite par Charmes, par Neufchâteau, par Vassy, par Nogent-sur-Seine, au sud de laquelle leur aile gauche n'est presque jamais descendue. Ceux qui marchaient vers Paris se maintenaient rigoureusement dans ces limites pour ne pas éparpiller leurs forces. En Alsace, ils se tenaient à la même hauteur, ne se dispersaient pas, et, sans perdre de temps, se portaient sur le point qu'ils voulaient emporter, sur la ville de Strasbourg. Le 9 août, ils exploraient les environs de la place, et le 13 ils l'investissaient complètement. On s'y trompa d'abord dans la Haute-Alsace, on se crut menacé, on annonça que l'ennemi marchait sur Colmar et sur Mulhouse. Une sorte de panique se répandit même dans la première de ces deux villes ; mais on comprit bientôt le plan des Prussiens en voyant qu'ils ne franchissaient pas la limite du département du Bas-Rhin et qu'ils se concentraient autour de Strasbourg. Ils poursuivaient un but capital, la prise d'une place forte de premier ordre ; ils rencontraient dans leurs tentatives de grandes difficultés, et avec la ténacité du génie allemand ils portaient toute leur attention sur ce point unique, sans la disperser un instant sur d'autres opérations. La place de Schlestadt avait beau faire sous leurs yeux, comme pour les provoquer, toute sa toilette de guerre, raser les beaux arbres de ses environs, détruire sa gare, ruiner les élégantes constructions de sa zone militaire ; le capitaine Stouvenot, avec une compagnie de gardes mobiles, avait beau tendre un piège aux dragons badois, et, après leur avoir tué quelques hommes, essayer de les attirer sous le canon des remparts ; l'ennemi ne consentait pas à sortir des limites qu'il s'était fixées dès le début, et, même pour chercher des vivres, pour frapper les campagnes de réquisitions, il ne dépassait pas le val de Ville.

Le département du Haut-Rhin, si riche et si florissant jusque-là, quoique non occupé par l'ennemi, n'en était pas moins atteint aux sources vives de sa prospérité. Il ne servait pas, il est vrai, de champ de bataille ; ses villes et ses villages ne portaient pas, comme Wissembourg, Wœrth, Reischoffen et Niederbronn, les traces de ces sanglants combats qui, en détruisant la vie humaine, altèrent la physionomie de la nature et défigurent jusqu'au paysage : une partie de sa population ne campait pas dans les bois comme celle du Bas-Rhin ; mais d'autres souffrances y suivaient la guerre et s'y aggravaient chaque jour par la durée de la lutte. Les puissantes manufactures de Mulhouse, auxquelles le chemin de fer de l'Est, confisqué par le gouvernement pour le transport des troupes, n'apportait plus la matière première de l'industrie, voyaient avec inquiétude leurs provisions s'épuiser et arriver le moment où elles ne pourraient plus procurer du travail aux milliers d'ouvriers qu'elles emploient. Pour conjurer cette crise, on fit des efforts désespérés. Les manufacturiers, restés tous à leur poste, donnant l'exemple du courage et de tous les sacrifices, obtinrent d'abord le rétablissement d'un train de marchandises sur la ligne de Mulhouse, puis, quand les communications avec Paris et le nord de la France furent définitivement coupées, nourrirent de leurs deniers les travailleurs sans ouvrage. Combien de temps leurs ressources personnelles ont-elles pu suffire à ce grand acte de charité ? Comment vivent aujourd'hui toutes ces familles auxquelles l'industrie la plus intelligente et la plus éclairée assurait non-seulement le pain de chaque jour, mais un logement salubre et gai, l'éducation des enfants, des soins pour les malades, des ressources pour les mutilés et les vieillards ? Que de victimes déjà la misère et la faim n'ont-elles pas dû faire au milieu d'une population dont la vie est attachée tout entière à la destinée des manufactures ! On n'ose arrêter sa pensée sur ce que l'avenir nous (réserve de douloureuses révélations. Tous les hommes qui ont pu obtenir un fusil s'en servent sur la montagne ; mais que deviennent pendant ce temps les femmes et les enfants que ces hommes faisaient vivre ?

## II

Si les troupes allemandes respectaient le territoire du Haut-Rhin, ce n'est pas qu'elles n'y fussent attirées par la richesse du sol, par le riant aspect de ces nombreux villages qui couvrent la vallée, et où elles savaient qu'un riche butin les attendait encore. Soumises à une discipline rigoureuse, elles obéissaient à la pensée stratégique qui les concentrait autour de Strasbourg. Là en effet, sur ce point unique, se portait tout l'effort de l'ennemi. Entrés en France, comme M. de Bismarck en convient, avec la pensée secrète de conquérir l'Alsace et de la garder par droit de conquête, les Allemands devaient s'acharner à la prise d'une ville qu'ils appellent eux-mêmes la clé de la maison. Tant qu'ils n'occupaient pas Strasbourg, ils ne tenaient point l'Alsace. Il leur importait donc de s'emparer avant tout de cette place forte. Il fallait de plus que les opérations du siège fussent conduites avec une extrême vigueur, et que le résultat désiré fût obtenu rapidement. La Prusse n'aime point les guerres longues, qui enlèvent à l'agriculture, à l'industrie, aux professions libérales, tous les hommes valides, et suspendent la vie dans le pays tout entier. Elle déploie tout de suite des forces écrasantes, elle frappe des coups terribles, avec l'espoir de forcer sur-le-champ ses adversaires à la paix et de ramener dans leurs foyers les milliers d'hommes qu'elle arrache à la vie pacifique pour les précipiter sur les champs de bataille. Il fut donc prescrit aux généraux qui assiégeaient Strasbourg de se hâter, de ne rien épargner pour une victoire rapide. On excitait en même temps leur émulation par la nouvelle des succès qu'obtenaient les autres armées, par l'annonce prochaine d'une paix victorieuse dont ils tenaient entre leurs mains la principale garantie. De là sans doute l'acharnement avec lequel le siège fut poursuivie Aucune considération d'humanité, aucun souci de ce que les arts et les lettres perdraient à la ruine de Strasbourg n'arrêta les assiégeants. Ils conduisirent le siège comme une simple opération de guerre, comme s'ils n'avaient devant eux qu'un obstacle militaire à vaincre et rien à respecter. C'est ainsi que le génie pratique de M. de Bismarck veut être obéi. Il entend la politique non en homme du XIXe siècle, mais en homme du XVIe siècle, absolument étranger ou indifférent à toute théorie spéculative ou sentimentale, ne voyant que le but précis et déterminé, poursuivant un résultat et ne se laissant détourner de ses desseins par aucune objection humanitaire. Il ne se demanda point si Strasbourg renfermait des œuvres admirables que toute nation civilisée se devait à elle-même de protéger contre la destruction. Il voulait Strasbourg, il ordonna qu'on prît la ville aussi vite que possible, et on se mit à l'œuvre. Cette froide politique contenait en germe tous les malheurs et toutes les tristesses du siège. Les Strasbourgeois n'avaient point affaire à des hommes qu'on pût toucher par des considérations humaines ; ils avaient en face d'eux un système, un esprit de conquête implacable qui ne pouvait être satisfait que par la prompte capitulation de la place.

Les Allemands, qu'on accuse quelquefois de lenteur, montrent au contraire dans cette campagne qu'ils savent à merveille le prix du temps. Toutes leurs opérations se font depuis l'origine avec autant de rapidité que de précision. Ils connaissaient la situation de la France en général et celle de Strasbourg en particulier, ils savaient que nulle part nous n'étions préparés à la défense, qu'en se pressant ils allaient prendre au dépourvu la ville assiégée, et ils ne perdirent pas un jour pour l'investir. Rien en effet n'était prévu pour un siège. Le lendemain du combat de Wissembourg, le maréchal Mac-Mahon, en marchant au secours de la division Douay si maltraitée, avait emmené avec lui toutes les forces et toute l'artillerie disponibles. Son désastre enlevait à la ville une partie des défenseurs sur lesquels elle eût dû compter. Heureusement 3,000 hommes de toutes armes y rentraient après la journée de Reischoffen et comblaient les vides de la garnison ; heureusement encore, pour approvisionner l'armée du Rhin, on venait d'emmagasiner des céréales et de parquer des bestiaux derrière les remparts. Enfin un homme résolu, dont toute la France connaît aujourd'hui et honore le nom, le général Uhrich, communiquait partout autour de lui l'énergie patriotique dont il était animé. Quelques jours plus tard, un excellent général d'artillerie, M. de Barral, pénétrait dans la place à travers les lignes d'investissement et offrait à la défense le plus utile concours ; mais ce qui faisait surtout la force de Strasbourg, c'était le patriotisme et l'esprit militaire de ses habitants. Ils sentaient que leur nationalité était en jeu, qu'il s'agissait pour eux d'être conquis ou de demeurer Français. Habitués à vivre dans une ville de guerre, comptant dans leurs rangs beaucoup d'anciens soldats, la perspective de la lutte ne les effrayait point, et le maniement des armes n'étonnait point leur courage. La garde nationale s'organisa ainsi à l'improviste, par nécessité, sous le feu, et fournit à la garnison non-seulement des hommes capables d'opérer des sorties, mais d'habiles artilleurs. Une seule difficulté pouvait gêner les défenseurs, la présence dans les murs de Strasbourg de toute la population civile, qui, surprise par la rapidité de l'attaque, n'avait pu chercher un refuge hors de la ville. Les malades, les gens âgés, les femmes, les enfants au berceau, restaient encore et allaient subir les rigueurs du siège. Le temps manquait pour les faire sortir ; où les conduire d'ailleurs ? La rive allemande, de l'autre côté du Rhin, était interdite aux Français, la campagne n'était pas sûre ; on y pouvait rencontrer des cavaliers prussiens. Complètement intercepté du côté de Wissembourg, d'Haguenau, de Saverne, le chemin de fer n'offrait de débouché que vers la Haute-Alsace et menaçait déjà de suspendre absolument le départ de ses trains. Dès le 8 août, c'est-à-dire le surlendemain de la bataille de Reischoffen, on faisait sauter le petit tunnel qui passe sous les remparts. Le même jour, le crieur municipal annonçait dans les rues comme un événement extraordinaire, et qui ne se renouvellerait peut-être plus, le départ d'un train pour Mulhouse et pour Paris. La population civile se trouvait ainsi bloquée sans avoir eu le temps de se reconnaître ni de prendre un parti. Quelques-uns s'en inquiétaient en pensant à la difficulté de nourrir tant de bouches, aux épreuves qui attendaient tant d'êtres faibles ; mais un espoir vivace restait au fond des cœurs : on comptait sur des secours rapides et puissants, sur un retour offensif de nos armées victorieuses ; on ne se figurait pas que la ville de Strasbourg pût être abandonnée du reste de la France ! On pensait d'ailleurs que les principales horreurs de la guerre seraient épargnées aux habitants inoffensifs, que les remparts seuls seraient battus en brèche ; on se préparait à une lutte où les lois de l'humanité seraient respectées. Personne parmi les plus pessimistes n'aurait osé prévoir le sort qui attendait la population civile, les horribles ravages qui menaçaient la cité. On se rassurait peut-être d'autant plus que l'armée de siège se composait en grande partie de Badois, c'est-à-dire de voisins qui vivent de la France, avec lesquels les Alsaciens échangent chaque jour les relations les plus amicales, qui apportent sur les marchés de l'Alsace leurs denrées, les produits de leur sol en échange de l'argent français, qui tous les étés reçoivent dans leurs villes d'eaux, dans leurs nombreuses stations thermales, dans les auberges et les riants villages de la Forêt-Noire une véritable colonie française. Comment se figurer d'avance que ces amis, ces hôtes de la veille se transformeraient tout à coup en ennemis implacables et acharnés ? Du reste, l'illusion dura peu. Il fallut bientôt reconnaître qu'on subissait une guerre sans pitié, et que, du côté des assiégeants, toute considération philanthropique serait sacrifiée à la résolution arrêtée de prendre la ville dans le plus bref délai possible. Les travaux d'investissement et les opérations qui précèdent un siège se poursuivaient avec activité. Un général plus vigoureux, M. de Werder, remplaçait le commandant des troupes badoises, M. de Beyer, qu'on disait malade, mais que le gouvernement prussien soupçonnait peut-être de trop de mollesse ou de trop de générosité. Le nouveau commandant montra tout de suite qu'il ne reculerait pas devant les mesures les plus énergiques, qu'il ne se laisserait point arrêter par les règles ordinaires du droit des gens ; il mit en réquisition les habitants des environs de Strasbourg pour travailler aux ouvrages du siège. Ce fait, attesté par de nombreuses correspondances, précise dès le début le caractère de la lutte engagée. Toute l'histoire du siège en contiendra de semblables, nous les relèverons avec un sentiment douloureux, sans rien exagérer, sans vouloir envenimer les haines, ni surtout provoquer les représailles, mais en livrant la conduite de nos ennemis au jugement du monde civilisé, au jugement de l'Allemagne elle-même, lorsque, revenue de l'enivrement de ses succès, celle-ci examinera son œuvre. Peut-être alors les nobles esprits qu'elle renferme, ces penseurs, ces historiens, ces philosophes dont la France n'a jamais parlé qu'avec égard, s'élevant au-dessus des préjugés nationaux, jugeront-ils aussi sévèrement que nous-mêmes, et avec des regrets plus amers, des actes que leur patriotisme voudrait effacer de l'histoire de leur pays, mais que rien désormais n'arrachera plus de la mémoire des hommes, et dont le souvenir durera aussi longtemps que le nom de Strasbourg.

L'histoire des sièges se compose en général de tristes épisodes. Quelquefois cependant au milieu des horreurs inévitables les assiégeants s'efforcent de limiter les maux des assiégés inoffensifs, et de ne rien leur faire souffrir au-delà de ce qu'exigent les nécessités de l'attaque. Ici au contraire il semble qu'on ait voulu accumuler à la fois sur la population paisible tous les maux de la guerre et forcer les défenseurs à capituler par les souffrances, qu'on infligeait à ceux qui ne pouvaient se défendre. N'espérait-on point par exemple désarmer les canonniers de la place en leur montrant sur les travaux des assaillants quelques compatriotes que leurs projectiles risquaient d'atteindre en même temps que l'ennemi ? N'était-ce pas un moyen de paralyser la défense aussi bien que d'augmenter les ressources de l'attaque et de gagner du temps par l'emploi d'un plus grand nombre de bras ? De tels procédés révoltent les nations civilisées ; mais le général de Werder ne pensait sans doute ni à ce que réclame l'opinion publique ni à ce qu'exige l'humanité. Il obéissait à une consigne et l'exécutait rigoureusement. On lui avait ordonné de prendre la place, il voulait la prendre et ne se préoccupait que d'attendre ce but. Tout ce qui favorisait les opérations du siège lui était bon, tout ce qui les contrariait devait disparaître. Il vint un jour où les blessés eux-mêmes lui parurent un obstacle, ou du moins il craignit pour le secret de ses travaux le voisinage d'un bomme que la croix rouge de la convention de Genève aurait dû protéger. Depuis l'investissement de Strasbourg, M. de Bussierre, député du Bas-Rhin, membre de la société de secours aux blessés, continuait à soigner les victimes des derniers combats dans l'ambulance de la Robertsau établie tout près de la ville aux frais de la société et aux siens. Sans avertissement préalable, M. de Bussierre, qui, en sa qualité d'administrateur d'une ambulance, se croyait couvert par le texte formel de la convention de Genève, fut arrêté au milieu de ses blessés, conduit à Rastadt et traité en prisonnier de guerre. Quelques jours après, les obus des assiégeants mettaient le feu à la Robertsau même, cette promenade favorite des habitants de Strasbourg, comme si ce n'était pas assez des ruines inévitables que fait la guerre sans y ajouter la destruction volontaire et inutile de tant de riants jardins, de si beaux arbres et de si aimables résidences. Toutes les joies de Strasbourg, la verte parure de sa campagne, les frais ombrages qui égaient la sombre physionomie des places fortes, lui étaient retirés par la volonté de l'ennemi, comme pour ne laisser aux habitants aucun motif de consolation, aucun adoucissement aux horreurs du siège. Une seule fois cependant le général de Werder parut céder à un sentiment d'humanité. Ce fut le jour où M. Charles Doll, habitant de Mulhouse, ancien consul de Bade, de Bavière et de Wurtemberg, obtint de lui l'accès de la ville pour le pasteur Schillinger, qui rapportait de Paris quatre caisses de médicaments à l'usage des blessés et pour les médecins de Strasbourg qui étaient restés dans les ambulances d'Haguenau depuis les batailles de Wissembourg et de Wœrth. Il semble aussi qu'avant et même pendant le bombardement les ennemis aient accordé à quelques personnes privilégiées la permission de quitter la place, ou tout au moins fermé les yeux sur leur passage à travers les lignes des assiégeants ; mais ce n'étaient là que des exceptions très rares, toutes personnelles, toujours subordonnées aux intérêts de l'attaque, et qui s'expliquent par l'influence de relations antérieures et amicales avec le général de Werder plutôt que par le désir d'épargner à quelques assiégés les souffrances du siège. Le commandant des troupes ennemies ne nous a laissé à cet égard aucune illusion. D'après son propre témoignage, il a voulu atteindre derrière les remparts la population civile, et il a même espéré que les maux qu'il lui ferait souffrir la décideraient à capituler. Vains calculs d'un esprit plus familiarisé avec les choses de la guerre qu'avec les secrets mouvements du cœur humain ! L'observation psychologique lui eût appris au contraire que les hommes s'attachent à leurs idées et à leurs biens en raison même des souffrances qu'ils endurent pour les défendre, qu'on a quelquefois parlé de capituler dans une ville assiégée avant le bombardement, mais que, le bombardement commencé, on ne capitule plus.

Les horreurs que nous allons retracer maintenant éveillent dans l'âme un sentiment d'autant plus pénible que nos ennemis eux-mêmes sont forcés d'en reconnaître l'absolue inutilité. Leur cruel calcul s'est retourné contre eux. La mutilation et la ruine de Strasbourg n'ont pas avancé d'une heure la reddition de la place. Au lieu d'abattre les courages, comme le présumait l'assaillant, tant d'actes barbares accomplis gratuitement, poursuivis de sang-froid pendant plusieurs semaines, ont au contraire excité dans toute la population le plus grand désir de se défendre et exaspéré la résistance. Ce fut le 15 août au soir que les habitants de la ville assiégée subirent la première attaque. Comme c'est l'usage durant les belles soirées d'été, la foule remplissait les rues, attendant avec impatience les nouvelles du dehors, mais plus disposée à l'espérance qu'à l'inquiétude, lorsque des sons stridents fendirent l'air et annoncèrent le passage de quelques projectiles. Le lendemain, on apprit avec indignation que la cathédrale avait servi de point de mire aux artilleurs ennemis, que deux femmes avaient été tuées et plusieurs enfants écrasés dans leur lit par des éclats d'obus. Contrairement aux lois les plus sacrées de la guerre, cet essai de bombardement n'avait point été signifié aux assiégés. Les Allemands prétendirent qu'ils avaient voulu célébrer à leur manière la fête de l'empereur et tiré un feu d'artifice en l'honneur du 15 août. Le général Uhrich, outré qu'on tournât en plaisanterie un tel acte d'inhumanité, déclara que, dans le cas où le feu de l'ennemi serait encore dirigé contre les habitations, il commencerait le bombardement de Kehl. Il tint parole, et les jours suivants, quelques maisons ayant été brûlées dans Strasbourg, il couvrit d'obus la ville allemande de l'autre côté du Rhin.

Jusqu'au 23 août, les assiégeants firent peu de mal à la place assiégée. Ils ne se servaient encore que de leur artillerie de campagne : leurs pièces de siège n'étaient pas arrivées ; mais le 24 au soir, lorsque celles-ci furent mises en position, ils ouvrirent contre la ville un feu terrible. Cette nuit-là, entre neuf heures du soir et six heures du matin, une pluie d'obus tomba sur Strasbourg et y causa d'irréparables désastres. En quelques heures, le centre de la cité, les plus riches maisons, le quartier du Broglie, furent en flammes. L'incendie éclatait presque en même temps au gymnase protestant, au Temple-Neuf, à la bibliothèque. Dès qu'on vit les projectiles s'abattre sur ce dernier édifice, une poignante douleur s'empara des assistants à la pensée du péril que couraient tant de richesses, tout le monde s'élança pour les sauver, et d'énergiques efforts portèrent les pompes jusqu'au brasier ; mais les canons ennemis, concentrant tous leurs feux sur le même point avec une redoutable précision, écartèrent les travailleurs jusqu'à ce que l'œuvre de destruction fût accomplie. Vers minuit, il ne restait plus aucun espoir de sauver un seul volume. Plus de 500 habitants assistaient, désespérés et impuissants, à la ruine d'un de ces monuments qui ne sont point seulement la propriété d'une ville, mais qui appartiennent au monde civilisé. Ainsi en quelques minutes, sans aucune nécessité stratégique, par la main d'un soldat opiniâtre, la savante et studieuse Allemagne venait d'anéantir le fruit de tant de travaux, ce que pendant des siècles avaient rassemblé la science, le goût, l'intelligence d'un grand nombre d'esprits cultivés, une bibliothèque hospitalière, libéralement ouverte aux savants de l'univers entier, où chaque année des étudiants et des professeurs d'origine germanique venaient s'asseoir avec respect, consulter des livres rares, restituer quelque page inédite de l'histoire du passé ! Ne soyons plus si fiers après cela de la civilisation moderne, ne parlons plus dans nos écoles de la barbarie des Arabes qui brûlaient les bibliothèques. La barbarie revient parmi nous, et c'est le peuple le plus instruit, le plus cultivé de l'Europe qui nous la ramène. Est-ce donc pour aboutir à de tels exploits que l'on pousse si loin en Allemagne l'instruction populaire, qu'on y honore partout le travail de l'esprit comme le plus noble emploi des facultés humaines ? Les Allemands chercheraient vainement une excuse, ils attribueraient vainement à une erreur d'artillerie une œuvre de destruction accomplie de sang-froid, de propos délibéré, à dessein. On connaît l'exactitude minutieuse de leurs cartes militaires. Leurs coups ne portaient point au hasard. Ils savaient à merveille, aussi bien que nous-mêmes, qu'aucune caserne, aucun arsenal, aucun établissement de guerre ne se trouvait dans le voisinage de la bibliothèque de Strasbourg. Ils ont brûlé sciemment, volontairement, un édifice qu'ils savaient situé entre le Temple-Neuf et le gymnase protestant, transformé en ambulance, protégé par le drapeau international. Leurs obus incendiaient en même temps un établissement religieux, un établissement scientifique et un hôpital ! Si, comme on de craint, rien n'a réchappé à l'incendie de la bibliothèque de Strasbourg, de précieuses collections sont à jamais perdues pour la science, entre autres six cents volumes imprimés en Alsace dans la première période de l'imprimerie, une série de portraits des professeurs de l'université, les antiquités égyptiennes, grecques, romaines, allemandes, recueillies au dernier siècle par le savant Schœpllin et léguées par lui à l'Alsace, enfin des manuscrits en très beaux caractères dont quelques-uns même étaient uniques. Le bibliothécaire Iung avait adressé, il y a vingt ans, au ministère de l'instruction publique un catalogue détaillé de ces manuscrits pour faire partie d'une collection générale des catalogues qui devait comprendre tout ce que les bibliothèques des départements contiennent de travaux antérieurs à l'imprimerie. On saura exactement par là ce que vient de perdre Strasbourg et dans quelle mesure il serait possible d'y suppléer. Espérons du reste que le bibliothécaire actuel aura mis en sûreté dans les caves les objets les plus rares, surtout la vaste encyclopédie, enrichie de peintures précieuses, connus sous le nom de *Mortus deliciarum*, et composée par Herrade, abbesse de Landsberg. C'était son devoir de se préparer au bombardement et d'en prévenir les suites depuis le jour où les premiers obus sont tombés sur la ville. Il n'aurait d'autre excuse que sa trop grande confiance dans la générosité des Allemands. Avertis de ce que nous pouvons craindre par le sort de Strasbourg, les directeurs des établissements scientifiques et littéraires de Paris ne comptent que sur eux-mêmes, non sur l'humanité de l'ennemi, pour sauver leurs richesses.

La terrible nuit du 24 août ne détruisit pas seulement dans la ville assiégée la bibliothèque et les bâtiments voisins. Une maison historique, la maison Scheidecker, la rue du Dôme, le musée de peinture, l'arsenal, la moitié du quartier de la Krutenau, prenaient feu en même temps. La nuit suivante, les cris du guetteur annonçaient à la ville épouvantée qu'un nouveau et plus terrible malheur la menaçait. La cathédrale elle-même, l'honneur et l'orgueil de Strasbourg, s'enflammait sous les coups répétés des obus allemands. Le feu éclatait dans la charpente de bois qui s'étend depuis l'emplacement de l'ancien télégraphe jusqu'à la nef. Le toit de zinc qui recouvre cette charpente fondait sous la violence de l'incendie, et en présence de la population impuissante lançait des tourbillons de flammes blanches au-dessus de la plate-forme jusqu'à la flèche. Le lendemain, des fragments de colonnes, des statuettes, des pierres énormes détachées de l'édifice, de nombreux débris d'ornements d'architecture, jonchaient la place du Dôme. Quand le bombardement se ralentit les jours suivants, et que l'on compta les blessures De la cathédrale, on trouva l'orgue, la célèbre horloge astronomique et l'autel détruits, la rosace, une merveille d'élégance, percée en plusieurs endroits, la plate-forme entamée, le clocheton du transept démoli. La nef s'effondra dans la journée du 27 août. La punition de l'Allemagne sera de ne pouvoir jamais réparer le mal qu'ont fait ses canons. Les cicatrices de la guerre resteront ineffaçables sur les flancs du noble édifice. Tous les voyageurs qui à l'avenir viendront de tous les points du monde visiter le monument le plus riche et le plus hardi de l'art gothique sauront quelles mains l'ont outragé, à quel peuple de l'Europe revient le triste honneur d'avoir mutilé en plein XIXe siècle un chef-d'œuvre que le temps, que la guerre et les révolutions avaient épargné jusqu'ici. Quel triste sujet de réflexions pour les artistes allemands, pour les admirateurs du moyen âge, si nombreux en Allemagne ! Qui donc, au-delà du Rhin, osera lire désormais sans une sorte de remords les pages touchantes de *Poésie et Vérité* où le grand Goethe parle, avec l'accent d'un souvenir ému, de l'agréable aspect des paysages de l'Alsace, de la douce vie qu'on mène à Strasbourg, des longues heures qu'il passait au pied de la cathédrale à en admirer les détails élégants et les proportions harmonieuses ? Cette terre aimée de sa jeunesse, cette patrie de Frédérique Brion, des mains allemandes l'ont ruinée et dévastée ; ce temple merveilleux qui, comme il le dit lui-même, lui avait révélé tous ses secrets, dont il complétait par la pensée les parties inachevées, dont ses yeux étudiaient avec amour les plus mystérieuses beautés, des boulets allemands viennent de le défigurer pour toujours !

Jusqu'au 28 août, le bombardement continua toutes les nuits avec la même fureur. Les incendies s'allumaient de tous côtés, et presque nulle part on ne pouvait les éteindre, parce que les artilleurs ennemis lançaient avec acharnement leurs projectiles sur le même point pour entretenir et activer le feu. L'hôpital civil ne fut même pas épargné malgré les trois drapeaux d'ambulance qui flottaient à une grande hauteur au-dessus des murailles. Un obus pénétra et éclata dans la salle des accouchées. On vît alors un spectacle horrible : les malades se traîner hors de leur lit pour fuir et des amputés eux-mêmes se rouler dans l'escalier pour se mettre à l'abri. Quelques jours auparavant, dans un pensionnat tenu par des religieuses, sept jeunes filles avaient été tuées, quatre avaient eu les jambes brisées par des éclats d'obus. Beaucoup de rues de la ville étaient jonchées de débris. Les toits pointus et chargés d'étages qui caractérisent l'architecture locale offraient aux canonniers ennemis un facile point de mire. De toutes parts, on voyait ces hautes charpentes fumer, s'affaisser et entraîner dans leur chute les cheminées hardies sur lesquelles nichent les cigognes. Quelques façades mutilées restaient debout au milieu des ruines. Près de la cathédrale, une seule habitation, une vieille maison de bois subsistait encore ; mais en général les maisons atteintes par le feu étaient brûlées jusqu'au ras du sol, quelquefois jusque dans l'intérieur des caves. L'artillerie de la ville ne pouvait malheureusement démonter les pièces de siège, masquées par des épaulements, ni même atteindre les artilleurs ennemis, qui ne tiraient que la nuit et reculaient pendant le jour hors de la portée du canon. Les feux convergeaient sur la place de trois points différents, de Schiltigheim, d'Ostwald et de Kehl. Avec une précision géométrique et d'après une consigne évidente, les batteries établies sur ces trois points ne dirigeaient leurs obus que sur la ville elle-même, sur les demeures des habitants. Après cet effroyable bombardement, aucun défenseur n'avait été tué aux remparts ; les murs, les palissades, les portes des fortifications, restaient intacts. On ne pouvait plus douter que l'intention des assiégeants ne fût d'épouvanter la population civile et de la forcer à capituler par la terreur.

La situation en effet était terrible ; 80,000 personnes de tout âge et de toute condition, parmi lesquelles se trouvaient beaucoup de femmes et d'enfants, passaient le jour dans le rez-de-chaussée des maisons encore debout, derrière des fenêtres barricadées avec des matelas, et la nuit sous les voûtes des égouts et des caves, où les gémissements des malades, les exclamations de frayeur des femmes âgées, les cris des enfants, ne permettaient aucun repos. Chaque matin, cette population épuisée allait compter les ruines que la nuit avait faites, et chaque soir elle se retrouvait plus abattue, plus triste encore que la veille. Le général Uhrich, prévoyant ces douleurs et pris d'une immense pitié, avait envoyé en parlementaire un de ses officiers au général ennemi pour demander à faire sortir de la ville les femmes et les enfants. Le général de Werder lui répondit par un refus, en alléguant avec cynisme que la ville pourrait ne pas se rendre, si les femmes et les enfants en sortaient. Évidemment il ne se croyait tenu qu'à un devoir militaire, au devoir de prendre la place. Les autres obligations, les obligations morales et humaines, ne le regardaient point. Il ne se départit pas de sa rigoureuse consigne lorsque l'évêque de Strasbourg, revêtu de ses ornements sacerdotaux, alla lui demander au nom de la religion d'épargner la population civile, de ne tirer que sur les remparts et sur la forteresse. On sait que l'évêque, inconsolable de n'avoir pu prévenir de nouveaux désastres, accablé par la vue des souffrances auxquelles il assistait, mourut de chagrin quelques jours après.

Il était réservé à une nation voisine et amie, qui a toujours entretenu avec l'Alsace d'étroites relations, de faire rougir les Allemands de leur inhumanité et d'adoucir le sort de Strasbourg. Beaucoup de citoyens suisses dont nous ne saurions trop honorer la généreuse initiative, aussitôt qu'ils apprirent ce que souffraient les Strasbourgeois, formèrent un comité pour les secourir. Le conseil fédéral, entraîné par l'opinion, donna lui-même à cette manifestation purement privée le caractère plus élevé d'une intervention diplomatique en décidant le 7 septembre que des délégués seraient envoyés à Strasbourg pour s'entendre avec le général en chef de l'armée allemande et le commandant de la place sur les moyens de faire passer en Suisse la population civile de la place assiégée. On arrêta également que les bagages des habitants de Strasbourg seraient affranchis des droits de douane à la frontière, et, ce qui met le comble à la générosité du gouvernement helvétique, que les cantons prendraient à leur charge l'entretien des réfugiés nécessiteux. En témoignant à la noble république toute notre reconnaissance pour des procédés si humains, nous ne pouvons nous empêcher de penser avec tristesse à l'inaction de quelques puissances qui nous devaient davantage, pour lesquelles nous avons versé notre sang dans des jours plus heureux, et qui aujourd'hui regardent nos désastres avec indifférence ! Qui nous eût dit le lendemain d'Inkermann et le lendemain de Solferino qu'un jour l'Angleterre et l'Italie assisteraient à nos malheurs non-seulement sans tirer l'épée pour nous défendre, mais sans même essayer de suspendre par une action diplomatique la marche de nos ennemis ? Un mois encore après les effroyables désastres du bombardement, Strasbourg résista. Contre l'attente du général de Werder, la souffrance avait irrité les courages au lieu de les abattre. Sous la menace des obus, au fond des caves, personne ne demandait à capituler. On avait tant souffert qu'on défiait le malheur. Et cependant au prix de quelles nouvelles épreuves le siège se prolongea-t-il ! Nous le devinerons d'après le témoignage d'une dame russe qui, sortie de Strasbourg le 4 septembre, annonçait à un journal anglais qu'il ne restait plus dans la ville que pour huit jours de vivres. Nous apprendrons un jour par quels prodiges d'énergie une population, à laquelle le pain devait manquer le 12 septembre, a pu tenir jusqu'au 28. Nous saurons aussi tout ce qu'ont fait à plusieurs reprises le général Uhrich, son intrépide garnison et les habitants armés pour percer les lignes ennemies. Le 3 et le 9 septembre, de sanglantes sorties avaient été tentées. Le 27 encore, avant de capituler, les assiégés essayaient jusqu'à trois fois de se frayer un passage. Ils ne se sont rendus qu'après avoir épuisé leurs vivres, leurs munitions, et perdu sous le feu plus de 4,000 des leurs. En terminant la douloureuse histoire du siège de Strasbourg, on se demande nécessairement à quoi sert au vainqueur une telle victoire, ce qu'il en espère, quels profits matériels en compenseront pour lui le dommage moral. Si, contre notre espoir et contre la volonté unanime de la France, la Prusse gardait l'Alsace, elle y aurait excité un ressentiment implacable, elle aurait attaché aux flancs de l'Allemagne une Pologne ou une Vénétie. Si au contraire, comme nous l'espérons, l'Alsace reste française, quels sentiments de bon voisinage existeront désormais entre les Allemands, destructeurs de Strasbourg, et les habitants de la ville détruite ? L'Allemagne paie d'ailleurs son succès un trop haut prix pour ne pas le regretter un jour. Elle y perd en même temps l'estime du mondé civilisé, et, ce qui ne vaut pas moins, sa propre estime. Nous en faisons juges ces écrivains spéculatifs, ces savants, ces philosophes, dont les idées libres et fortes nous inspiraient une opinion si favorable de la civilisation de leur pays, nous représentaient une Allemagne intelligente, ouverte au culte du beau, supérieure aux préjugés vulgaires, consciencieusement occupée d'affranchir l'esprit humain des superstitions vaines et de résoudre par la science tous les problèmes de la nature. Ceux-là conviendront avec nous que la guerre vient de déchaîner chez leurs compatriotes des sentiments inattendus, des passions qui nous ramènent à la barbarie d'un autre âge. Est-ce la peine d'ouvrir des écoles dans toutes les communes, de ne compter qu'un illettré sur 100 habitants, d'encourager et d'honorer partout les travaux de l'esprit, de favoriser la spéculation désintéressée, de doter avec magnificence tous les établissements d'instruction publique, d'entretenir les universités les plus savantes et les plus studieuses de l'Europe, pour recommencer dans le monde le rôle d'Attila et pour continuer les barbares ?

# Partie 2

# Le Siège de Metz en 1870

Il y a une voix de la conscience publique qui s'élève, après chaque nouvelle épreuve que nous traversons, pour en dégager nettement la moralité générale, pour exprimer ce qu'en pensent à la même heure sans s'être entendus les hommes de toutes les opinions. Le lendemain de la malheureuse bataille de Wœrth, personne ne condamnait le maréchal Mac-Mahon ; le lendemain de la capitulation de Sedan, tout le monde condamnait l'empereur. Quelques égards que l'on doive au courage et au malheur, on ne peut empêcher que la conduite du maréchal Bazaine ne donne lieu à des interprétations très diverses, et ne jette dans les âmes d'étranges inquiétudes. Pourquoi le sentiment public cette fois ne se prononce-t-il pas, pourquoi hésite-t-il entre la sympathie et le blâme ? Pourquoi le temps et les renseignements qui nous arrivent, au lieu de faire la lumière, ne font-ils qu'augmenter l'incertitude et l'obscurité ?

Lorsque Toul a succombé après six semaines de résistance, quoiqu'on ne connût que fort imparfaitement les détails du siège, le pays n'a exprimé que de la reconnaissance pour la petite garnison qui, dans une place de troisième ordre, sans un seul artilleur de l'armée régulière, avec deux bataillons de gardes mobiles et 140 fantassins et gendarmes, avait tenu si longtemps l'artillerie prussienne en échec. Personne en France ne s'est mépris non plus sur le sentiment que

39

devait inspirer la capitulation de Strasbourg. On savait que le général Uhrich, bloqué avec 10,000 soldats par plus de 60,000 hommes, avait épuisé avant de se rendre toutes les formes de la défense, essuyé plusieurs jours de bombardement, tenté plusieurs sorties, résisté à plusieurs assauts, perdu le tiers de son effectif, consommé toutes ses provisions. Après de si héroïques efforts, il pouvait succomber, aucun doute ne planait sur ses actes. Il emportait en capitulant l'admiration de ses compatriotes et l'estime de l'ennemi. Lui-même du reste, ne s'en rapportant pas à ces témoignages universels d'approbation, ressentait le besoin généreux d'être jugé sur des preuves par le gouvernement de son pays, et, prisonnier sur parole, il se rendait immédiatement à Tours, afin d'expliquer sa conduite. Rien d'obscur, rien d'équivoque dans cette noble histoire. Depuis le premier jour jusqu'à la dernière heure, le commandant de Strasbourg est resté en étroite communication avec l'âme de la France, sans se croire d'autres devoirs que des devoirs de soldat, d'accord avec les habitants de la ville qu'il défendait, également d'accord avec les deux pouvoirs qui en se succédant à Paris représentaient pour lui l'unique intérêt du moment, l'intérêt de la défense nationale. Nous regrettons que la conduite du maréchal Bazaine n'ait été ni aussi nette, ni aussi facilement comprise. Il ne doit s'en prendre qu'à lui de l'incertitude où il nous jette. Évidemment d'ailleurs il ne s'est pas montré fort pressé de s'expliquer devant la France. S'il avait jugé opportun de faire connaître ses actes à son pays, le temps ne lui aurait pas manqué pour adresser à Tours un mémoire justificatif qui nous serait déjà parvenu depuis plusieurs jours. Malgré l'inexplicable silence que s'obstine à garder celui qui nous doit compte d'une ville et d'une armée, on peut essayer de dégager de ces ténèbres le petit nombre de faits qui paraissent dès à présent acquis à l'histoire.

## I

Si l'on ne sait pas tout, on connaît cependant des détails très précis sur les négociations du commandant en chef de l'armée du Rhin et sur les conditions dans lesquelles il a capitulé. Il semble d'abord avéré que le maréchal Bazaine, investi par l'empire d'un commandement supérieur, n'a jamais reconnu officiellement ni la république, ni le gouvernement de la défense nationale. Privé de toutes communications avec la France, ne sachant guère de nouvelles du dehors que par les rares messagers qui traversaient les lignes prussiennes du côté de la Belgique et du grand-duché de Luxembourg, ou par les relations intéressées de ses ennemis, il attendait sans doute, avant de se prononcer, des informations plus sûres ou plus complètes sur les dispositions générales de la province. Son ignorance fut telle à cet égard qu'il fit demander, d'après le témoignage des feuilles allemandes, quelques journaux aux avant-postes prussiens pour apprendre ce qui se passait en France. La mission du général Bourbaki dut avoir pour objet principal de fournir des renseignements positifs à l'armée de Metz sur l'état de notre pays. Si on en juge par la conduite patriotique que tient ce général, il eût été d'avis qu'il n'y avait pas d'hésitation possible, qu'il fallait se rallier au seul gouvernement qui fût debout, combattre avec lui, sous lui, pour une cause supérieure à toutes les questions politiques, pour le salut de la patrie. Lui-même prêchait d'exemple en offrant son épée à la délégation de Tours sans discuter les origines de la république, sans autre souci que la pensée de la délivrance.

Cette impression d'un homme de cœur, d'un soldat qui en face de l'ennemi ne voyait plus d'autre drapeau que le drapeau de la France, arriva-t-elle jusqu'à Metz ? Le maréchal Bazaine eut-il un instant la pensée de sortir de sa réserve pour reconnaître publiquement le pouvoir nouveau ? Se livra-t-il dans son âme quelque douloureux combat entre d'anciens devoirs et le devoir présent ? Consulta-t-il les généraux qui l'entouraient pour s'entendre avec eux sur ce qu'il devait faire ? On l'ignore absolument ; mais ce que l'on sait, c'est que la résolution de se tenir à l'écart et en dehors de toute action commune avec le gouvernement de la défense nationale l'emporta définitivement dans son esprit. Nous en trouvons la preuve dans les actes et dans les paroles du général Bayer, envoyé par lui en dernier lieu pour traiter directement à Versailles avec le roi de Prusse et M. de Moltke. Ce n'est pas au nom de la république, mais au nom du commandant en chef de l'année du Rhin, que le général Boyer négocie. Ce n'est ni à Paris, ni à Tours, ni auprès du général Trochu, ni auprès de M. Gambetta, que l'envoyé du maréchal Bazaine demande à l'état-major prussien l'autorisation de se rendre ; dans le cours de la négociation, il communique avec Londres, il ne cherche pas à communiquer avec les représentants de la république française, il semble qu'à ses yeux celle-ci n'existe point, que, pour conclure une négociation si grave, d'où dépend le sort d'une ville et d'une armée, il n'ait besoin ni de prévenir ni de consulter le gouvernement de la défense nationale. Il agit sans lui, en dehors de lui, comme le représentant d'un pouvoir indépendant qui n'a d'ordres à recevoir en France d'aucune autorité supérieure à la sienne.

Nous ne faisons pas un crime au maréchal Bazaine d'avoir agi avec cette entière indépendance ; nous établissons seulement par des preuves positives que telle a été sa conduite. Il ne sera peut-être pas difficile d'ailleurs de découvrir les causes de l'isolement politique dans lequel il s'est renfermé jusqu'au bout. Croit-on que l'ancien état-major de l'empire rassemblé à Metz, les maréchaux Canrobert et Lebœuf, le général Frossard, se soient résignés facilement à la déchéance de l'empereur, à la chute de la dynastie, à la proclamation d'une république qui un jour peut-être demanderait à quelques-uns d'entre eux un compte sévère de leurs actes, qui en tout cas avait le tort à leurs yeux de renverser le gouvernement de leurs préférences, de détrôner un prince auquel ils avaient prêté serment, dont tous avaient reçu des marques de faveur et des témoignages d'affection ? Les plus intimes confidents de la pensée impériale se trouvaient réunis par le hasard de la guerre autour du maréchal Bazaine. Quoique lui-même eût vécu beaucoup plus qu'eux loin des Tuileries depuis l'expédition du Mexique, quoiqu'il gardât peut-être une secrète amertume du rôle qu'on lui avait fait jouer à la fin de cette triste campagne, ne venait-il pas de recevoir de la main même de l'empereur le commandement en chef de l'armée du Rhin ? Sa loyauté de soldat, un sentiment d'honneur très respectable, ne l'empêchaient-ils pas de prendre un parti dans les ténèbres où il vivait, dans l'ignorance presque absolue de ce qui se passait en France ? Qu'était-ce que cette république dont il ne connaissait l'existence que par des rapports prussiens ou par des journaux étrangers ? La France l'acceptaitelle ? Fallait-il la considérer comme un gouvernement fondé, définitif, sanctionné par le suffrage universel ? Suffisait-il qu'elle fût proclamée à Paris, dans un jour d'entraînement populaire, pour qu'elle devînt la loi du pays tout entier ? Où et comment la province avait-elle été consultée ? Existait-il une assemblée qui représentât non pas seulement l'esprit de la capitale, mais le libre sentiment de toute la France ? On sait toute la répugnance qu'ont inspirée de tout temps aux militaires les gouvernements d'avocats. N'était-ce pas demander beaucoup à de vieux soldats que de leur imposer M. Gambetta comme ministre de la guerre ? Cette nomination, apportée sans doute et peut-être exploitée par les avant-postes prussiens, était-elle de nature à réchauffer le zèle républicain des généraux de l'armée de Metz ?

Faut-il trop s'étonner qu'ils n'aient pas approuvé non plus le choix de Garibaldi comme chef de l'armée des Vosges ? Leur reprochera-t-on de n'avoir pu prendre au sérieux ce commandement d'aventure ? Pour être juste envers le maréchal Bazaine et ses lieutenants, il ne faut pas oublier non plus qu'aucune communication directe du gouvernement de la défense nationale ne pénétrait jusqu'à eux. Les Prussiens faisaient bonne garde autour de la ville, et n'y laissaient entrer que les nouvelles qu'il leur convenait d'y introduire. On peut s'en rapporter à leur habileté pour n'avoir communiqué à nos officiers que les renseignements les plus défavorables à la république. Leurs journaux et les correspondances anglaises rédigées dans leur camp ont répété trop souvent, avec trop d'insistance, que les chefs de l'armée de Metz ne reconnaissaient pas le gouvernement républicain, pour qu'eux-mêmes n'aient pas souhaité ce résultat et n'aient pas travaillé à l'obtenir. Ils y travaillaient en recueillant avec soin, en groupant avec art, en exagérant et en dénaturant au besoin les bruits fâcheux qui circulaient sur la désorganisation de la France. C'est ainsi qu'ils paraissent avoir circonvenu le général Boyer, qu'ils auraient comblé de politesses, mais auquel ils auraient en même temps persuadé, sans trop de peine peut-être, qu'il n'existait nulle part dans notre pays de gouvernement régulier, que la France était livrée à la plus complète anarchie. Voici du moins le dernier mot de la mission de ce général, tel qu'il fut communiqué aux officiers français de l'armée du Rhin par leurs chefs le 19 octobre dernier. On leur annonça de sa part, comme des faits dont il n'y avait malheureusement aucun lieu de douter, que les discordes civiles paralysaient la défense de Paris, que le gouvernement provisoire était dépassé et débordé par les partis violents, que MM. Gambetta et de Kératry venaient de s'enfuir en ballon pour échapper sans doute à tous ces désordres, que le drapeau rouge flottait à Lyon, à Bordeaux, à Marseille, que la Normandie, parcourue par des bandes de brigands, avait appelé les Prussiens pour rétablir l'ordre, que Le Havre, Elbeuf, Rouen, étaient occupés par les Prussiens, qui concouraient avec la garde nationale à maintenir la sécurité. Dès que cette communication eut été faite aux différents corps de l'armée de Metz, plusieurs officiers se réunirent afin de vérifier et de contrôler mutuellement leurs souvenirs, et rédigèrent un exposé de ce qu'ils avaient entendu pour le remettre entre les mains du rédacteur en chef de *l'Indépendant de la Moselle*, dont la bonne foi nous parait hors de doute ; c'est ce même rédacteur, qu'on a désigné à tort comme un correspondant de *l'Indépendance belge*, qui, le jour de la capitulation de

45

Metz, accusa publiquement le général Coffinières d'avoir livré la ville, et fut arrêté par les autorités prussiennes. Nous avons donc là une pièce sérieuse, un document écrit, rédigé par des témoins auriculaires, qui nous apprend dans quelle erreur on entretenait l'armée de Metz huit jours avant la capitulation.

Si le général Boyer croyait réellement ce qu'on affirmait en son nom, avec quel art les Prussiens n'avaient-ils pas exploité sa crédulité depuis Château-Thierry, où une voiture aux armes du roi de Prusse était allée le chercher, jusqu'à Versailles, où il avait conféré avec le roi en présence de M. de Bismarck, de M. de Moltke et des principaux chefs de l'armée prussienne ! Quel épais bandeau la diplomatie prussienne ne lui avait-elle pas mis sur les yeux pour qu'il ne fût même pas détrompé par ce qu'il avait dû entendre dire de toutes parts autour de lui dans son voyage à Londres ! On ne s'était pas borné du reste à lui peindre l'état de la France sous les couleurs les plus fausses. La diplomatie prussienne lui faisait vaguement entrevoir que l'armée de Metz serait peut-être appelée prochainement à jouer un rôle politique, à se retirer sur une partie désignée du territoire français pour y protéger les délibérations relatives à la paix. Tout en négociant avec MM. Jules Favre et Thiers, représentant le gouvernement nouveau, M. de Bismarck ne s'interdisait pas la faculté de s'entendre aussi avec l'ancien gouvernement ; à défaut d'une assemblée constituante, il se rabattait sur le corps législatif dissous le 4 septembre, et, sans se compromettre par une promesse imprudente, il laissait entendre volontiers qu'il réserverait sans doute à l'armée du Rhin la garde des députés. Nous n'avons pas besoin d'insister sur la gravité d'une telle communication faite à des soldats par leurs chefs, dans une ville assiégée, sous le feu de l'ennemi, à l'heure ordinaire des résolutions suprêmes et des sacrifices héroïques, lorsque les provisions touchaient à leur fin, et qu'il ne restait plus d'autre chance d'épargner au pays une humiliation nouvelle que l'énergie du désespoir. C'était dire assez clairement aux défenseurs de Metz qu'il devenait inutile de résister davantage, c'était les consoler d'avance de ne pas les conduire au combat en leur promettant un rôle politique, une intervention armée dans les affaires de leur pays. Après de telles paroles, on ne pouvait plus combattre ; la capitulation en sortait comme une conséquence nécessaire.

Huit jours après en effet, le 27 octobre, le maréchal Bazaine capitula, mais sans obtenir pour l'armée la compensation que M. de Bismarck avait fait espérer. Au lieu de se retirer sur un point déterminé du territoire français et de garder une assemblée française, les soldats de Metz désarmés étaient envoyés en Allemagne comme prisonniers de guerre, sans qu'on les traitât autrement que les autres prisonniers français qui s'étaient rendus depuis le commencement de la campagne. A quoi donc avait servi cette obscure négociation entamée à Londres et à Versailles ? Qu'obtenait-on de plus pour les soldats et pour les officiers que les conditions qui avaient toujours été accordées par la Prusse après ses précédents succès ? Le seul résultat de toutes ces menées diplomatiques n'était-il pas d'énerver la résistance, et en épuisant les vivres de la place de réduire l'armée tout entière à la douloureuse alternative de capituler ou de mourir de faim ? On voit bien ce que les Prussiens gagnèrent à négocier ; on ne voit pas ce qu'en définitive y gagnaient les Français. Les Prussiens avaient prolongé les pourparlers jusqu'au moment, prévu par eux, où la famine devait leur livrer sans combat les défenseurs de Metz. Quand ce moment arriva, ils imposèrent leurs conditions avec leur ténacité et leur rigueur habituelles, non plus en diplomates qui cherchent des accommodements et des adoucissements à la défaite, mais en vainqueurs qui ne cèdent aucun de leurs avantages. Les généraux français essayèrent vainement de distinguer entre la place et l'armée, de sauver au moins la forteresse en livrant leurs soldats. L'ennemi, qui connaissait la triste situation des assiégés, ne consentit à aucune concession. Il savait qu'on ne pouvait plus se défendre, il exigea qu'on remît entre ses mains tout ce qu'il demandait, et il l'obtint.

Capitulation sans nom, écrit le 1er novembre un des officiers qui y sont compris ; capitulation unique dans l'histoire, disons-nous à notre tour, qui livrait du même coup à la Prusse 3 maréchaux de France, 50 généraux, 6,000 officiers, plus de 160,000 hommes, c'est-à-dire plus de monde qu'il n'en fallut à Napoléon pour tenir tête à toute l'Europe dans la campagne de France ; 57 drapeaux, 750 pièces de siège, 400 canons, 100 mitrailleuses, 6 forts avec tout leur matériel et leurs immenses approvisionnements de guerre, une place de premier ordre jusque-là invincible, habitée par une population énergique, dont les remparts n'avaient pas même été effleurés par l'ennemi, qui eût résisté comme Strasbourg, si elle eût été attaquée, mais à qui le sort ne permettait pas d'essayer la force de ses murailles et le courage de ses défenseurs ; notre grande école d'application d'artillerie et de génie, ces magnifiques établissements, cet immense polygone où l'on enseignait à l'élite de nos officiers l'art de la guerre, où on avait préparé tout ce qui devait servir à la lutte contre l'Allemagne, et que gardent maintenant les sentinelles prussiennes ! Qu'on n'invoque pas après cela, comme le fait le maréchal Bazaine dans sa proclamation, des souvenirs tirés de notre histoire militaire, qu'on ne prononce pas le nom de Kléber, de Masséna, de Gouvion Saint-Cyr ! Qu'on n'atténue pas ainsi la grandeur de notre désastre, comme s'il s'agissait encore une fois de nous tromper nous-mêmes, et de nous persuader qu'on trouverait dans notre passé des malheurs comparables à ceux que nous subissons ! Non, il est nécessaire de le redire pour que nous sachions bien où nous sommes tombés, et ce qu'il nous faut de courage afin de nous relever de ces défaillances : on n'a jamais vu à aucune époque, avant le second empire, deux grandes armées capituler l'une après l'autre sur notre territoire, des centaines de mille hommes déposer leurs armes pour sauver leur vie, et défiler devant le vainqueur, non pas loin de la France, à quelques centaines de lieues de leur pays, au milieu de populations étrangères, mais chez nous, sur notre sol, derrière les remparts de nos forteresses ! L'Allemagne seule vient de nous faire en trois mois plus de prisonniers dans l'intérieur de notre pays que toute l'Europe ne nous en a fait pendant vingt ans de combat hors de nos frontières. Kléber, bloqué en Égypte par la flotte anglaise, ne pouvant ni recevoir de France un seul renfort, ni traverser la mer pour échapper à l'ennemi, rompit cependant la convention d'El-Arich, lorsqu'il apprit que les Anglais, au lieu de transporter l'armée française à Toulon avec les honneurs de la guerre, comme il le demandait, exigeaient qu'elle se rendît prisonnière et déposât les armes. On ne répond à de telles insolences que par la victoire, dit-il fièrement, et avec ses 12,000 hommes il reprit la lutte contre 80,000 combattants, soutenus par une population fanatique. Masséna, enfermé dans Gênes avec 15,000 soldats, cerné du côté de la terre par 40,000 impériaux, du côté de la mer par les Anglais, condamné a capituler, faute de vivres, au milieu d'un peuple soulevé et mourant de faim, sauva du moins son artillerie ainsi que ses bagages, et obtint que les 8,500 hommes qui composaient les débris de sa garnison sortiraient en armes par la route de la Corniche pour rentrer librement en France. Gouvion Saint-Cyr, qui, après le désastre de Leipzig, se trouvait coupé de l'armée française avec 30,000 hommes, ne se justifia jamais complètement du reproche de mollesse et d'indécision lorsqu'il mit bas les armes devant 80,000 ennemis, quoique la route de France lui fût fermée, et qu'il ne lui restât aucun espoir de se frayer un passage à travers toute l'Allemagne. Encore n'avait-il capitulé que sur les pressantes instances des habitants, pour préserver la ville des horreurs du typhus, à la condition expresse d'ailleurs que ses soldats rentreraient en France par journées d'étapes, et demeureraient libres, après échange, de reprendre du service dans l'armée française. Si par ordre de l'empereur Alexandre la garnison de Dresde demeura prisonnière de guerre, ce fait fut toujours considéré comme une violation formelle d'un engagement écrit, et justement reproché aux vainqueurs.

Ajoutons qu'aucun de ces trois généraux ne rendait, avec son armée, une place française, des arsenaux français, un matériel de guerre considérable appartenant à leur pays. S'ils avaient eu à livrer des centaines de canons et des milliers de fusils d'un modèle perfectionné, ils auraient sans doute brisé leurs armes avant de signer une capitulation qui allait permettre à l'ennemi de s'en servir contre la France. Les militaires s'expliquent difficilement que le maréchal Bazaine ait recommandé à ses soldats de ne détruire ni les mitrailleuses ni les chassepots, comme si une garantie qui ne se trouve point dans le texte écrit de la capitulation, tel que nous le donnent les journaux allemands, en assurait la remise à la France après la signature de la paix. Il semble au contraire que le premier devoir d'un général en chef avant de capituler soit de ne laisser tomber entre les mains de l'assiégeant aucune arme qui ajoute quelque chose aux forces de celui-ci. Tant que la capitulation n'est pas signée, le droit de destruction est absolu ; c'est un devoir indiqué. Les Prussiens se plaignirent après Sedan qu'on eût violé les lois de la guerre, parce qu'un grand nombre de soldats avaient brisé ou jeté leurs fusils dans la Meuse ; mais les chefs de l'armée eussent évité ce reproche, s'ils avaient ordonné avant la capitulation que tout ce qui pouvait être utilement détruit fût détruit. Le maréchal Bazaine, en livrant intact à l'ennemi tout son matériel de guerre, semble avoir consenti à une concession en échange de laquelle il n'obtient du vainqueur aucune promesse formelle, aucun engagement positif ; nous verrons après la guerre si tout ce que nous avons livré nous est rendu, si l'ennemi n'a pas immédiatement dirigé sur Paris ou sur Thionville tout ce qui pouvait lui servir. Mais ce qui nous étonne le plus dans la proclamation du maréchal Bazaine, et ce qui afflige le sentiment national, c'est le silence absolu que garde le commandant en chef de l'armée du Rhin sur les habitants de la ville dont il vient de fixer le sort. A l'heure où il se sépare de cette malheureuse et patriotique cité, qui supporte depuis près de trois mois le fardeau de la guerre, qu'il a encombrée de ses 20,000

51

blessés, dont ses soldats ont épuisé les ressources, qui tiendrait encore, si elle n'avait pas eu à nourrir autour de ses murs une armée immense, il n'adresse pas une parole d'adieu à ces compagnons intrépides de toutes ses souffrances, — à ces femmes généreuses qui ont recueilli chez elles tant de malades ou de mutilés, pansé de leurs mains tant de blessures, bravé pour remplir un devoir charitable toutes les horreurs de la dysenterie, du scorbut et de la pourriture d'hôpital, — à ces médecins civils qui ont multiplié leurs efforts pour suppléer au petit nombre des médecins militaires, — à cette énergique garde nationale qui partage aujourd'hui la captivité des soldats comme elle a partagé leurs fatigues, — à cette artillerie de la garde mobile qui, dès le premier combat, livré autour de Metz le 14 août, essayait déjà sur l'ennemi la portée des canons du fort de Queuleu, — à ces volontaires, à ces francs-tireurs qui s'étaient spontanément offerts parmi les jeunes gens des familles les plus honorables de la ville, qui occupèrent depuis le 15 septembre les avant-postes de Grimont, y restèrent jusqu'au dernier jour, et ne cessèrent d'y harceler l'ennemi. Faut-il donc croire, comme semble l'indiquer la communication faite le 19 octobre aux officiers par leurs chefs, qu'une sorte de mésintelligence politique régnait entre les généraux et les habitants, que l'armée, pour employer l'expression même dont se sert *l'Indépendant de la Moselle*, séparait sa cause de celle de la ville ? Faut-il croire, comme l'indique le général Coffinières, commandant la place, que les intérêts de celle-ci ont été sacrifiés, qu'on s'est moins occupé de la défense qu'il ne l'aurait fallu, et que les questions politiques ont entravé les expéditions militaires ? Ces conjectures seraient confirmées par le témoignage des journaux allemands et anglais, qui n'ont cessé de dire pendant le siège que les habitants de Metz se prononçaient pour la république, tandis que les généraux tenaient encore pour l'empire, et que la garde continuait à s'appeler la garde impériale. Nous ne pouvons douter en effet, nous qui connaissons l'esprit de la population de Metz, ses instincts libéraux et son patriotisme, qu'elle n'ait accueilli la chute de l'empire comme une délivrance. Déjà les opposants avaient été en majorité dans la ville à l'époque du plébiscite. Depuis, que de fautes n'avait-on pas commises qui devaient ouvrir les yeux des plus aveugles ! Dans quelle partie de la France l'incapacité de la politique impériale causait-elle plus de malheurs et plus de désastres ? Tous les jours, chacun sentait à Metz par ses propres malheurs le poids des défaillances de l'empire. Si, malgré ces dispositions inévitables de l'esprit public, les chefs de l'armée, comme bien des indices le font craindre, se sont obstinés à se considérer comme les soldats de l'empire, ils ont dû exciter dans Metz une irritation et une défiance qui, contenues peut-être pendant le combat, ont éclaté nécessairement après la capitulation. On comprendrait alors pourquoi le maréchal Bazaine aurait été obligé de quitter la ville presque furtivement ; on s'expliquerait l'accusation portée contre lui le 28 octobre par *l'Indépendant de la Moselle*, un des journaux qui ont le plus nettement et le plus énergiquement combattu l'empire.

## II

Croit-on d'ailleurs que les habitants de Metz, si jaloux des glorieux souvenirs de leur histoire locale, si fiers de vivre dans une ville où l'ennemi n'avait jamais pénétré, pardonnent facilement au maréchal Bazaine la désastreuse campagne qui, après tant de privations et de souffrances inutiles, aboutit à l'entrée triomphale des Prussiens dans leurs murs ? Le jour en effet où le maréchal Bazaine se repliait sur Metz pour s'y enfermer, il devenait responsable non-seulement du sort de son armée ; mais du sort de la ville qu'il attachait à sa fortune. Aujourd'hui les Messins, qui n'avaient pas besoin de cinq corps d'armée pour se défendre, qui avec la garde nationale, la garde mobile, les francs-tireurs, l'artillerie et quelques régiments de troupes de ligne, se seraient admirablement défendus tout seuls, reprochent peut-être au commandant en chef de l'armée du Rhin d'avoir songé à lui-même et à ses soldats beaucoup plus qu'au salut de la ville. Ils ont le droit de lui dire que, dans sa persistance à se tenir sous leurs murs, leurs forts et leurs remparts n'auraient pas été pris, — que, si tant de bouches à nourrir n'avaient pas épuisé les provisions accumulées dans Metz, il resterait encore aujourd'hui assez de vivres pour de longs mois de siège. Que sont devenus les énormes approvisionnements que jusqu'à la dernière heure l'intendance militaire dirigea sur la ville de trois côtés à la fois, par la ligne de Frouard, tant que celle-ci ne fut pas coupée, par l'embranchement de Verdun, par la ligne des Ardennes, restée libre quelques jours de plus ? Le biscuit et les salaisons qui arrivaient de Dunkerque et des places du nord, le pain *biscuité* qu'on fabriquait pour les troupes à Épinal, à Lunéville, à Nancy, à Pont-à-Mousson, à Bar-le-Duc, au camp de Châlons, les 4,400 wagons de vivres accumulés le 15 août sur une longueur de 5 kilomètres, tout le long de la voie ferrée entre Metz et Ars-sur-Moselle, toutes les ressources qui auraient nourri si longtemps la garnison et la ville, l'armée du maréchal Bazaine les a complètement épuisées en deux mois et dix jours. De cette immense accumulation de vivres, il n'y avait plus rien le 27 octobre, quoiqu'un journal anglais, mal interprété, ait fait croire un instant le contraire. Ne faisons pas l'injure au commandant de l'armée du Rhin de supposer qu'il se soit rendu avant d'y avoir été réduit par la famine. Les Prussiens ont trouvé à Metz et particulièrement dans les forts des munitions de guerre (*stores*) ; ils n'y ont pas trouvé de provisions de bouche, comme on le disait en dénaturant le sens de l'expression anglaise. Une lettre française, en date du 6 octobre, qui peint la situation sous les couleurs les plus favorables, paraît faite à plaisir où écrite avec cet optimisme prudent dont il est sage de se servir dans une ville assiégée, que nous employons nous-mêmes lorsque nous écrivons de Paris à nos correspondants de province, et que nous craignons de voir tomber notre lettre entre les mains de l'ennemi. On y parle par exemple des gros poissons de la Moselle qui tiennent une grande place dans la consommation, comme si tous ceux qui ont habité Metz ne savaient que, même en temps ordinaire, lorsqu'on peut pêcher à quelque distance de la ville, le gros poisson est fort rare. C'est là une de ces ressources fantastiques qu'on invente pour rassurer ses amis, et pour ne pas causer trop de joie à ses ennemis, mais qu'il serait puéril de prendre au sérieux : on ne nous consolerait guère de la famine, si on nous proposait d'y remédier grâce aux poissons de la Seine. La même lettre annonce aussi que ni le pain ni le sel ne manqueront avant plusieurs mois. Nous savons au contraire par des renseignements positifs que, le jour où l'on s'est rendu, les soldats n'avaient plus de sel pour assaisonner la soupe de cheval, seule ressource qui leur restât, et que depuis huit jours ils ne mangeaient plus de pain. D'après le témoignage des Allemands, les chevaux de toutes les batteries d'artillerie, moins deux, avaient été abattus et mangés, et dans la cavalerie il ne restait plus que 15 chevaux par escadron. Presque toutes les correspondances attestent d'ailleurs que la ville présentait l'aspect de la misère, et que les habitants paraissaient avoir souffert de cruelles privations. Les campagnards surtout devaient avoir épuisé depuis longtemps les 40 jours de provisions qu'on exigeait d'eux au début, avant de leur permettre de se réfugier dans la ville.

Sur ce point, aucun doute ne peut exister. Le maréchal Bazaine n'a pas à se défendre du reproche d'avoir capitulé un jour plus tôt qu'il ne l'aurait dû. Il a tenu évidemment jusqu'à la dernière limite de ses ressources alimentaires. Les habitants de Metz ne lui demandaient pas de laisser mourir ses soldats pour prolonger la résistance, mais ils lui reprochent amèrement d'avoir attendu si longtemps sous leurs murs une catastrophe que son inaction rendait inévitable, de ne l'avoir pas prévenue en forçant les lignes ennemies à temps, lorsqu'il y avait encore assez de vivres pour nourrir pendant plusieurs semaines la garnison de la ville après le départ des troupes. Le maréchal pouvait-il opérer cette sortie décisive ? Aurait-il pu, avec plus d'énergie ou plus d'habileté, se dégager du blocus qui l'enfermait ? Toute la question est là. Le côté délicat de l'histoire du siège sera précisément de savoir si un général très résolu ou très habile n'aurait pas trouvé un moyen, avec plus de 100,000 hommes de troupes choisies, de se frayer un passage à travers une armée assiégeante qui depuis la fin d'août n'a jamais dépassé 220,000 combattants. Pour résoudre cette question, les renseignements nous manquent et nous manquerons peut-être longtemps. Quelques conjectures du moins nous sont permises ; nous ne les hasarderons qu'en prenant pour points de départ des faits avérés.

Notre premier devoir est de reconnaître que le maréchal Bazaine, en recevant le commandement de l'armée du Rhin, héritait d'une situation qu'il n'avait pas créée, dont tout le poids pesait sur lui, sans qu'il fût responsable d'une seule des fautes commises depuis le commencement de la campagne. Le 13 août, il entrait à peine en fonctions, et rencontrait même quelque résistance dans l'exécution de ses ordres ; le 14 août au matin, il déclarait sur la place de la préfecture de Metz qu'il ne se rendait encore un compte exact ni des forces ni des ressources dont il pouvait disposer, et le même jour, vers quatre heures, déjà il était attaqué par l'armée prussienne, qui depuis lors ne lui laissait pas un instant de relâche. Ce n'est pas lui qu'il faut accuser si l'on n'avait point fait sauter le pont de la Moselle à Pont-à-Mousson et défendu obstinément le passage de la rivière pour ne pas permettre aux forces ennemies de se porter de la rive droite qu'elles occupaient sur la rive gauche, qui gardait notre ligne de retraite, si les deux ponts de chevalet jetés sur la Moselle par l'artillerie française pour faciliter le passage de nos troupes ne pouvaient servir parce qu'on lâchait maladroitement les écluses de la ville, et qu'on provoquait une crue subite des eaux au moment même où ils venaient d'être établis, si enfin on ne se décidait pas à employer le pont du chemin de fer que la compagnie de l'Est, avec son patriotisme accoutumé, mettait à la disposition de l'armée. Toutes ces fausses manœuvres et ces hésitations nous faisaient perdre des heures d'où dépendait le salut. Pendant que nous hésitions, l'ennemi se portait à marches forcées sur la route de Verdun, que l'empereur signalait à l'attention des Prussiens en annonçant publiquement à l'impératrice qu'il se dirigeait de ce côté. Le maréchal Bazaine n'exerça réellement le commandement en chef qu'à l'heure où l'empereur quitta Metz dans la soirée du 14 août. Il était déjà bien tard pour réparer tant de fautes. On l'eût pu cependant, si l'on avait bien apprécié le prix du temps et pressé la marche. Le 15 août, toute la journée la route de Verdun était libre ; l'empereur la suivit le 16 au matin avec quelques régiments de cavalerie sans y rencontrer aucune résistance, quoique les uhlans y eussent paru ; mais les Prussiens n'avaient pas livré inutilement le sanglant combat de Borny. Ils comptaient sur cette fausse attaque, comme ils l'ont dit depuis, pour retenir les Français sous les murs de Metz, pendant que le gros de leurs forces se porterait immédiatement par une marche vigoureuse sur la rive gauche de la Moselle. Ils nous occupaient, ils ralentissaient notre départ en nous demandant une suspension d'armes sous prétexte d'enterrer leurs morts, en réalité pour laisser le temps au prince Frédéric-Charles d'opérer son mouvement rapide de l'autre côté de la rivière. Nous aussi, nous finissions par nous mettre en marche, mais avec moins d'activité et de rapidité que les Allemands. Il semble que dans cette guerre nos ennemis, qu'on croyait lents et circonspects, nous aient pris nos anciennes qualités, la vigueur et l'audace. C'est nous qui sommes embarrassés dans nos mouvements, qui ne savons plus aller vite, nous décider promptement, prendre une résolution énergique. Ce sont eux qui, en toute occasion, nous gagnent de vitesse. Il semble que leurs armées soient plus libres et plus dégagées que les nôtres. Notre soldat est trop chargé, nous traînons trop de bagages. Déjà sur la route de Verdun, comme plus tard sur celle de Sedan, se produisaient des encombrements de voitures et de convois qui retardaient malheureusement la marche de notre armée.

Le 16 août, le maréchal Bazaine marchait dans la direction de Verdun ; ses têtes de colonnes avaient déjà fait le tiers de la route, lorsqu'à Vionville, entre Gravelotte et Mars-la-Tour, l'ennemi les attaqua vigoureusement et les arrêta. A la fin de la journée, après un combat très meurtrier, nous n'avions peut-être pas perdu de terrain, le maréchal écrivait même qu'il avait campé sur les positions occupées le matin par les Prussiens ; mais nous rencontrions une résistance qui nous empêchait de pousser plus avant. Il est probable cependant que, si les Français avaient prévu ce qui allait se passer les deux jours suivants, ils auraient poursuivi leur route à n'importe quel prix. Le temps ne nous amenait en effet aucun renfort, n'ajoutait aucune force à celles que nous avions, tandis que chaque heure augmentait le nombre de nos ennemis. Le 16 août, les 150,000 hommes qui composaient les cinq corps d'armée du maréchal Bazaine, non compris les troupes de la garnison, les gardes mobiles et les gardes nationaux restés dans Metz, et dont il n'était plus possible de distraire un seul soldat, n'avaient en face d'eux qu'une partie, que la moitié peut-être des troupes ennemies qui devaient entrer en ligne au combat du 18. Avec quelques heures d'avance sur le reste des armées prussiennes, qui traversaient la Moselle à marches forcées, il eût été possible peut-être d'opérer vers l'Argonne, en se ravitaillant à Verdun, une de ces belles retraites qui ont honoré les noms de Moreau et de Soult. Pour cela sans doute il eût fallu marcher toute la nuit, alléger les hommes, abandonner une partie des bagages, demander à tout le monde un effort extraordinaire, et à l'arrière-garde en particulier les derniers sacrifices. Était-il temps encore le 17 ? Il semble que le maréchal Bazaine ait essayé ce jour-là de se dérober à l'ennemi en reportant son armée sur la route de Briey, qui s'ouvrait encore à lui, et qui par un détour lui permettait d'atteindre Verdun ; mais là encore la célérité des mouvements et les marches de nuit étaient indispensables. Dans la matinée du 17, le chemin était libre, la voiture publique qui fait le service entre Metz et Briey, beaucoup de voitures particulières, passaient sans obstacle. Le soir déjà la cavalerie prussienne occupait la route. Le 18 au matin, les troupes qui avaient attaqué Metz le 14 au combat de Borny, ayant eu le temps d'opérer leur jonction avec celles qui nous avaient arrêtés le 16 à Vionville, quoiqu'elles eussent à faire un détour énorme pour traverser la Moselle, 300,000 hommes au moins, les deux armées réunies de Steinmetz et du prince Frédéric-Charles, nous fermaient définitivement un passage qui ne devait plus se rouvrir. Pour obtenir ce résultat, les Allemands venaient de déployer une activité extraordinaire. Ils avaient marché sans bagages, du pas le plus rapide, se reposant à peine quelques heures par jour. Le roi lui-même malgré son grand âge, laissant derrière lui son attirail de campagne, n'avait ni dormi ni changé de vêtements depuis trente heures. C'est à ce prix, en imposant à ses soldats et à lui-même les plus dures fatigues, en limitant les bagages au strict nécessaire, que Napoléon Ier accomplissait autrefois ces marches merveilleuses qui lui ont tant de fois permis de surprendre et d'écraser ses adversaires. Ce qu'il fît jadis sur tant de champs de bataille avec tant de succès, nous ne le faisons plus, hélas ! aujourd'hui, et ce sont nos ennemis qui ont appris à le faire.

L'occasion perdue le 16 et le 17 août ne se retrouva plus. Le 18 au matin, nous avions en face de nous, sur les trois routes qui conduisent à Verdun, de Saint-Marcel à Saint-Privat, non plus, comme au combat précédent, quatre corps de l'armée prussienne, mais huit corps entiers qui, menaçant de déborder nos ailes, nous rejetèrent sur Metz. Le maréchal Bazaine soutint ce terrible choc avec la plus grande énergie et défendit pied à pied toutes les positions, sous un feu formidable, contre un ennemi deux fois supérieur en nombre. Les Prussiens avouent que cette journée, la plus sanglante de toute la guerre, leur coûta des pertes énormes. Il faut cependant reléguer au rang des fables le romanesque épisode des carrières de Jaumont, que nous avons tous cru sur la foi des dépêches officielles, comme tant de succès imaginaires accueillis d'abord avec empressement par notre crédulité, pour les voir ensuite démentis par les faits. Le soir venu, l'armée française ne pouvait se faire illusion sur le résultat de la bataille. On s'était admirablement battu, on avait opposé à deux grandes armées une résistance héroïque ; mais on avait trouvé le chemin fermé, et dans cette direction il ne restait plus aucun espoir de se faire jour jusqu'à Verdun. Alors le maréchal Bazaine se replia sur Metz, où il ramena tant de blessés que les hôpitaux, les baraques construites au polygone, le lycée, le collège des jésuites, la manufacture des tabacs, le palais de justice et les maisons des particuliers ne suffirent plus à les contenir ; il fallut, pour les recevoir, dresser des tentes sûr l'Esplanade, emprunter à la compagnie de l'Est des wagons où on les suspendait dans des hamacs. Y compris ceux du 6 et du 14 août, on en estimait le nombre à plus de 20,000, pour lesquels bien des ressources auraient manqué sans la charité et le dévouement inépuisables des habitants. Une armée ainsi éprouvée avait besoin de quelques jours de repos pour se refaire de ses fatigues et se réorganiser. Le temps pressait moins d'ailleurs. Le maréchal Bazaine présumait que l'armée de Mac-Mahon s'avançait à son secours. Dans la forte position qu'il occupait, il pouvait à son choix attendre qu'on vînt le délivrer ou chercher le point faible de ses adversaires. Peut-être aussi espérait-il que les Prussiens seraient forcés de détacher contre l'armée de secours une partie de leurs forces, ce qui arriva en effet. Malheureusement, si le temps était pour lui un auxiliaire, ses ennemis en profitaient avec plus d'habileté et d'énergie qu'il ne l'avait supposé pour lui fermer toute issue. En quelques jours, une ligne savante de retranchements armés d'artillerie investissait de toutes parts la place de Metz. Les Allemands, qui avaient étudié à fond les opérations de la dernière guerre d'Amérique et le système de travaux dont s'étaient servis les Russes à Sébastopol, enfermaient l'armée française dans ce cercle de fer qu'ils prétendent aujourd'hui avoir tracé de nouveau autour de Paris. L'armée du roi ou de Steinmetz travailla, avec l'armée du prince Frédéric-Charles, à cette œuvre gigantesque jusqu'au moment où une partie de ces forces marcha en même temps que l'armée du prince royal à la rencontre du maréchal Mac-Mahon. Peut-être eût-il été possible de guetter l'heure où elles s'éloignèrent pour se frayer un passage avant que les travaux d'investissement fussent achevés. Le maréchal Bazaine comprit-il alors, aussi nettement qu'il dut le comprendre plus tard, que les occasions perdues se retrouvent difficilement, qu'il ne fallait à aucun prix se laisser enfermer, qu'aucun échec subi en rase campagne, si cruel qu'il fût, ne serait comparable à la dure nécessité de capituler un jour, de livrer un jour une ville qu'on ne pouvait sauver qu'à la condition d'en sortir ? A ce moment-là peut-être, comme à la bataille de Gravelotte, la vue du danger présent l'empêcha-t-elle de discerner les périls beaucoup plus redoutables que lui réservait l'avenir.

En tout cas, pendant douze jours, du 18 au 31 août, lorsque les lignes d'investissement de l'ennemi étaient évidemment moins fortes qu'elles ne le furent plus tard, lorsque chaque journée rendait la situation de l'assiégeant plus redoutable, sans rien ajouter aux chances de l'assiégé, l'armée de Metz ne livra qu'un engagement peu sérieux, dont les Allemands parlent comme d'une simple escarmouche d'avant-garde, dans la direction du nord-est, sur la rive droite de la Moselle. Le maréchal Bazaine se recueillait visiblement pour un plus grand effort. Après avoir tâté le terrain le 26, sur le point des lignes ennemies qu'il croyait avec raison le plus faible, ce fut du même côté qu'il dirigea sa grande attaque du 31 août et du 1ᵉʳ septembre, la tentative la plus vigoureuse et la plus soutenue qu'il ait jamais faite pour forcer le blocus. On ne peut lui reprocher de n'avoir pas agi, en cette occasion, avec la plus grande vigueur. Quand M. de Valcourt, officier de la garde mobile, attaché au quartier-général de Metz, accuse dans *le Moniteur* de Tours du 4 novembre le maréchal Bazaine de n'avoir pas rejoint le 31 août les avant-postes du maréchal Mac-Mahon par une marche de nuit, il oublie que vingt-cinq lieues de distance séparaient les deux armées. Il ne porte pas contre son chef une accusation moins étrange en lui reprochant d'avoir placé les bagages au milieu de la ville et montré par là qu'on ne tentait pas une sortie sérieuse. Où serait donc allé le maréchal Bazaine, si ce jour-là il était sorti de Metz ? Manœuvrant, comme il le fit, du côté opposé à la France, dans la direction de la Prusse rhénane, entre les deux routes de Bouzonville et de Sarrebrück, peut-on sérieusement supposer qu'il se frayait un passage vers l'Allemagne, et tournait le dos à l'armée de secours qu'il attendait ? Il est manifeste au contraire qu'ayant découvert avec beaucoup de sagacité le point le plus faible de l'ennemi, il l'attaquait là où il pouvait lui porter les coups les plus dangereux, et l'obligeait en même temps à concentrer le gros de ses forces sur la rive droite de la Moselle, pendant que Mac-Mahon arriverait par la rive gauche. Si, durant cette bataille qui se prolongea près de deux jours avec un furieux combat de nuit, Mac-Mahon était arrivé, comme le maréchal Bazaine avait lieu de l'espérer, l'armée du Rhin facilitait le passage à l'armée de secours en retenant loin d'elle, du côté opposé de la ville, le principal effort des Prussiens. L'opinion que M. de Valcourt prête aux officiers allemands sur la mollesse du maréchal Bazaine en cette circonstance est en contradiction formelle avec tous les rapports qui ont été publiés en Allemagne sur la sanglante bataille de Noisseville. On y fait au contraire le plus bel éloge du courage et de l'opiniâtreté des troupes françaises. Le combat dura trente-six heures, presque sans interruption, avec le plus grand acharnement. La première et la seconde ligne d'investissement furent forcées l'une après l'autre, les quatre villages de Servigny, de Noisseville, de Retonfay et de Flanville emportés à la baïonnette. Les ennemis ne nous en délogèrent qu'après une lutte corps à corps qui leur coûta beaucoup de monde. Ils conviennent eux-mêmes que, si les Français avaient pu sa maintenir à

Retonfay, l'armée de siège était coupée en deux, et le blocus rompu.

Le 12, le 22 et le 23 septembre, de nouveaux engagements nous sont signalés autour de Metz sans qu'aucun détail nous permette d'en apprécier l'importance. En octobre, le sous-préfet de Neufchâteau, dans une dépêche fort emphatique, par conséquent suspecte, annonce à Tours que le maréchal Bazaine vient de détruire les forges et l'église d'Ars-sur-Moselle, d'anéantir 26 bataillons prussiens ainsi que deux régiments de cavalerie, et de s'emparer d'un convoi de 193 voitures de vivres. Ce combat, dont nous ne trouvons ailleurs aucune trace, ne serait-il point celui qui eut lieu, non au sud, mais au nord de Metz, pendant lequel on entendit en effet le canon du fort Saint-Privat, ce qui aurait pu faire croire à une attaque sur Ars, mais dont le principal effort se porta dans la direction de Thionville ? D'après le témoignage d'un Américain qui y assistait, cette vigoureuse sortie de l'armée française fut précédée, du 2 au 7 octobre, par une série d'engagements dans la vallée de la Moselle. Il s'agissait pour les Prussiens de bombarder le fort Saint-Éloy, qui commande la vallée, et pour les Français d'empêcher que la route de Thionville leur fut définitivement fermée. Le village de Ladonchamps, clé de la position, pris et repris plusieurs fois, reçut dans la journée du 6 un millier de bombes prussiennes. « Jamais, écrit un officier français, on n'entendit pareille *mitraillade*. En une heure, un régiment était réduit à rien. Mon cheval, après le combat, était *piqueté* de taches de sang. » Le 7, un brouillard très intense permit au maréchal Bazaine d'emporter la première ligne des Prussiens et de pousser ses têtes de colonnes au-delà de Ladonchamps, jusqu'aux Grandes et aux Petites-Tapes ; mais là il fut arrêté par les feux croisés des batteries qui, de toutes les hauteurs environnantes, dominaient la Moselle et par les charges de l'infanterie prussienne, qui s'élançait sur la nôtre lorsque le canon avait jeté le désordre dans nos rangs. Là comme toujours, depuis le commencement de cette guerre, l'artillerie prussienne nous écrasa. Notre intrépide infanterie ne put jamais se déployer en lignes sans être couverte d'obus. Les Français se battirent *comme des démons*, dit un publiciste américain ; ils détruisirent deux régiments de *landwehr*, mais leur artillerie était relativement faible.

Là parut s'arrêter l'effort des assiégés. A moins qu'il n'y ait eu quelques jours plus tard une nouvelle sortie dans la direction d'Ars-sur-Moselle, comme pourrait le faire supposer la dépêche de Neufchâteau, que nous avons citée, il ne semble pas que, du 7 au 27 octobre, la lutte ait été reprise. M. de Valcourt dit déjà que le 12 on commençait à parler de la capitulation. Depuis le 18 août, le maréchal Bazaine, d'après le témoignage d'un des officiers de l'armée de Metz aujourd'hui prisonnier en Allemagne, avait livré en deux mois et dix jours huit grands combats, tenté huit fois, dans des directions différentes, de percer les lignes prussiennes. La France serait bien ingrate, si, au moment où elle cherche à se former une opinion sur la conduite du commandant en chef de l'armée du Rhin, elle ne lui tenait pas le compte le plus honorable de cette lutte opiniâtre contre un ennemi mieux armé que nous et toujours supérieur en nombre. Le maréchal Bazaine n'a-t-il pas bien mérité de son pays en retenant loin de Paris 300,000 hommes d'abord, plus tard 220,000, qui, sans lui, auraient marché sur nous, quand nous n'étions pas encore en mesure de nous défendre ? Quelle serait aujourd'hui la situation de la France, si la Prusse avait pu disposer plus tôt, contre la capitale, de l'armée et du génie militaire du prince Frédéric-Charles ? Mais ce qui diminue singulièrement le mérite du service que nous a rendu le maréchal Bazaine, c'est que sa tactique nous coûte à la fois une capitulation désastreuse et notre première place forte, celle de toutes qu'il nous importait le plus de garder, parce que c'est celle que l'ennemi désirait le plus. Si l'armée du Rhin, au lieu de s'enfermer dans Metz et de n'en plus sortir, avait tenu la campagne à n'importe quel prix, elle n'aurait ni capitulé ni fait prendre la ville, qui aujourd'hui encore renfermerait des vivres pour plusieurs mois de siège. Les situations terribles exigent des efforts héroïques. C'est un de ces efforts qui aurait dû être tenté, que nous attendions de nos généraux le lendemain du désastre de Sedan.

On nous permettra sur ce point de dire toute notre pensée, sans vain étalage d'héroïsme, mais avec un sentiment profond des devoirs qu'impose à certains jours l'honneur du pays. Au lieu de se livrer à des combinaisons politiques, d'engager des négociations équivoques, de se réserver peut-être pour un grand rôle personnel, de laisser l'armée s'énerver et se désorganiser, ne valait-il pas mieux, le jour où l'on connut la capitulation du 2 septembre, ne s'inspirer que du devoir militaire, et ne prendre conseil que de ce *beau désespoir* dont parle Corneille ? Une catastrophe sans exemple dans notre histoire venait d'humilier la France ; pour la première fois 100,000 Français en armes venaient de capituler dans un pays où jusqu'ici il' a toujours paru plus facile de mourir que de se rendre. C'était à l'armée du Rhin, à l'élite de nos soldats et de nos généraux, qu'il appartenait de laver cette honte dans son sang. Il nous semble que, quelles que pussent être les défaillances individuelles, on aurait remué tous les cœurs, si on avait réuni les officiers pour leur dire : C'est assez d'une capitulation de ce genre dans notre histoire, il n'y en aura pas deux ; nous ne donnerons pas le nouveau spectacle d'une armée qui rend ses armes. Que dirait de nous l'Europe, que les Français ont tant de fois étonnée par leur courage ? Voulons-nous l'étonner maintenant par notre humiliation ? Non, nous n'irons point par milliers défiler devant nos ennemis ; la rougeur au front, nous ne lirons pas dans leurs yeux le mépris que leur inspirerait notre faiblesse. Il y a des choses plus difficiles que de mourir. Une de celles-là est de supporter pour soi-même et pour son pays un certain degré d'abaissement. Il faut donc que nous sortions d'ici, et que nous en sortions tout de suite, pour ne pas épuiser, en y restant, les provisions de la ville. Autrement nous serions exposés a cette double douleur d'être vaincus nous-mêmes par la famine, et de livrer avec nos personnes une des clés de la France. Tout vaut mieux qu'une telle perspective. Afin d'être bien sûrs d'y échapper, nous ferons tous ensemble, la nuit, une sortie désespérée, en nous engageant, quoi qu'il arrive, à ne pas rentrer dans Metz. Une partie d'entre nous sera tuée, d'autres seront faits prisonniers, mais noblement, les armes à la main ; ceux qui échapperont se réuniront pour tenir la campagne à un lieu déterminé, sous le commandement du général le plus élevé en grade et le plus ancien. On dit qu'autour de nous le pays est épuisé ; mais nous savons qu'à 16 lieues d'ici Verdun et Montmédy regorgent de vivres. Quelques jours de misère sur notre sol, au milieu de nos compatriotes, n'effrayeront pas de vieux soldats d'Afrique, de Crimée, du Mexique. Nos pères en ont vu bien d'autres en Espagne et en Russie !…

Sans doute de telles résolutions ne se prennent guère de sang-froid. On ne tient point ce langage dans les temps ordinaires à des hommes que de grandes émotions n'auraient pas préparés à l'entendre ; mais si, comme nous le croyons, le sentiment de l'honneur militaire ne s'est point affaissé chez nous, la catastrophe de Sedan devait remuer assez profondément les âmes des soldats pour leur faire accomplir des prodiges d'héroïsme. Il eût été beau alors de se mettre à leur tête et de tenter quelque coup désespéré dans la première ivresse des résolutions magnanimes. Ceux qui auraient succombé nous auraient légué un exemple aussi fortifiant qu'une victoire ; ceux qui auraient survécu nous apprendraient aujourd'hui ce qu'il faut savoir oser pour délivrer son pays. Nous n'hésiterions pas en prononçant leurs noms entre des impressions différentes, aucune ombre n'obscurcirait leur image ; nous les remercierions d'avoir offert leur vie tous ensemble pour honorer la France, pour la sauver peut-être en lui rendant la conscience de ce qu'elle renferme encore de courage et de vertus.

# Partie 3

# La Résistance dans le département de la Moselle : Bitche et Longwy

Au milieu de nos tristesses et de nos désastres, l'honneur de la France sera du moins sauvé par les efforts individuels, par l'énergie de quelques-uns de ses enfants. Ni le dévouement, ni le courage, n'auront manqué au pays ; partout, sur tous les points du territoire, des hommes de cœur ont su mourir autour du drapeau, même sans espérance. Si nous voulons rester justes envers nous-mêmes et ne pas trop désespérer de l'avenir, ne relevons pas seulement l'incapacité de nos politiques et les fautes de nos généraux ; pensons aussi à ces combattants obscurs, à ces soldats inconnus qui se sont sacrifiés au devoir avec une simplicité héroïque, tout en sachant que la patrie, pour laquelle ils mouraient, ne connaîtrait peut-être jamais ni leur nom ni leurs actes. Dans nos engagements les plus malheureux, on signale parmi nos jeunes troupes des traits de bravoure individuelle qui honorent une défaite.

De toutes ces victimes volontaires du patriotisme, les moins intéressantes ne sont pas celles qui, enfermées dès le début de la campagne dans les places fortes de nos frontières, séparées absolument du reste de la France, investies et bombardées, après avoir lutté et souffert pendant de longs mois sans espoir de secours, sans nouvelles de nos armées, ont résisté jusqu'au jour où le pain et les munitions manquaient à leur courage, où il ne restait plus à personne un seul asile assuré contre le feu de l'ennemi. Un des traits les plus caractéristiques de cette guerre et les plus honorables pour nous, c'est qu'aucune de nos forteresses ne s'est rendue avant d'avoir épuisé toutes ses ressources, qu'aucune n'a été prise d'assaut, et que la famine seule ou les souffrances de la population civile en ont forcé les défenseurs à déposer les armes, après les batailles d'Iéna et d'Auerstædt, en moins d'un mois, la Prusse avait cessé toute résistance ; après Sadowa, on ne songeait guère à se défendre dans les belles forteresses de l'Autriche. Chez nous, la moindre bicoque a fermé ses portes et soutenu un siège en règle. La résistance opiniâtre de toutes les places de la Lorraine, avec la défense de Strasbourg et l'énergique attitude de la population parisienne, fournira un beau chapitre au futur historien de la campagne. Envahie dès le 6 août, occupée, traversée en tout sens, dévastée par l'ennemi, cette énergique province résiste toujours, partout où elle le peut, et, pendant que les francs-tireurs des Vosges faisaient le coup de fusil dans leurs défilés et dans leurs bois, de Saint-Dié à Belfort, deux des huit forteresses lorraines continuaient hier le combat, comme pour protester de leur attachement à la France. Et c'est le département de la Moselle, celui qui a supporté le premier le poids douloureux de la guerre, celui où se sont livrées les plus furieuses batailles, qui aujourd'hui encore atteste sa résolution de demeurer français par l'opiniâtreté de sa défense. Il a perdu Metz et Thionville ; mais il lui reste Bitche, il lui reste Longwy, et tant que ces deux forts résistent, il ne veut pas s'avouer vaincu, même après six mois de lutte.

I.

71

On sait ce que le département de la Meurthe a fait pour la patrie commune en envoyant ses bataillons de gardes mobiles à peine organisés, à peine équipés, s'enfermer à Toul, où ils ont arrêté si longtemps la marche des convois prussiens, intercepté les communications de l'Allemagne avec l'armée qui assiège Paris, et à Phalsbourg, où, pendant plus de quatre mois, sur ce rocher isolé, perdu au milieu de la montagne, l'ennemi les bombarda sans triompher de leur résistance. La Meuse aussi a payé sa dette au pays par la belle défense de Verdun et de Montmédy ; quand on connaît la situation de la ville de Verdun, assise dans une vallée, dominée de tous côtés par des hauteurs, comme Goethe le remarquait déjà pendant la campagne de 1792, on s'étonne qu'elle ait pu tenir si longtemps contre une artillerie à longue portée. N'ayant pas de forts pour se couvrir, elle est aussi exposée que le serait Paris, si l'ennemi pouvait s'établir sur le mont Valérien, que le serait Metz, si le mont Saint-Quentin tombait au pouvoir de l'assiégeant ; mais là, comme à Toul, d'énergiques efforts, de vigoureuses sorties empêchèrent les batteries prussiennes de s'installer sur les points menaçants pendant la première période du siège. Puis, quand il fallut subir le feu, les habitants et la garnison le supportèrent avec le plus grand courage, comme le faisaient hier encore les Parisiens bombardés dans les quartiers de la rive gauche et les marins de nos forts. Il y avait d'ailleurs dans la place un commandant très résolu, le général Marinier, — d'excellents régiments de cavalerie d'Afrique que le maréchal Bazaine avait été obligé de distraire de son armée pour accompagner l'empereur jusqu'à Verdun, entre les deux batailles de Berny et de Gravelotte, — des officiers de toutes armes qui, venus par le chemin de fer de Châlons pour rejoindre leur corps devant Metz, trouvaient la route fermée. Au début, les vivres abondaient. Une partie des approvisionnements destinés à l'armée du Rhin attendait nos troupes sur le chemin vers lequel celles-ci paraissaient se diriger. L'intendance militaire préparait tout pour que le maréchal Bazaine pût opérer une marche rapide de Metz sur Verdun sans de trop lourds bagages, en n'emportant des vivres que pour quelques jours, et se ravitailler dans une place forte avant de continuer sa retraite ou de reprendre l'offensive. Ces approvisionnements que l'armée du Rhin n'atteignit jamais servirent du moins à nourrir les habitants et la garnison de la ville assiégée.

Mais tout a un terme, même les provisions les plus abondantes. L'investissement avait été si rapide et tout de suite si complet que les ressources de l'intendance durent suffire presque seules aux besoins de 15,000 habitants et de 10,000 soldats. On subit avec beaucoup de constance un bombardement prolongé, qui détruisit une partie des quartiers les plus élevés de la ville et endommagea la cathédrale, il fallut cependant se rendre pour ne pas mourir de faim, non sans avoir bien des fois harcelé l'assiégeant et prévenu ses attaques en l'assaillant lui-même. Nulle part, même contre des murailles aussi exposées que celles de Verdun, les troupes allemandes ne se décidèrent à tenter les chances d'un assaut. Il est avéré maintenant qu'elles bloquent les villes, mais qu'elles ne les emportent pas de vive force. Leur tactique générale consiste à enfermer les assiégés, à les isoler de toute communication avec le dehors, à les empêcher absolument de se ravitailler, puis à se retrancher avec beaucoup d'art et de travail dans des positions aussi fortes que des remparts, à y établir des batteries mobiles d'où elles lancent des obus à coup sûr, à y soutenir un siège aussi facilement que derrière des murailles, si on les attaque, sans jamais prendre elles-mêmes l'offensive, ce qui leur permet d'attendre pendant des mois que la faim ou le bombardement fasse son œuvre.

La guerre de sièges n'est à leurs yeux qu'une guerre de patience et d'industrie, non de courage et de coups d'audace, comme nous le croyons trop aisément. La grande erreur de la défense de Paris sera d'avoir cru qu'il suffisait de rendre Paris imprenable, de fortifier ses remparts de miner ses abords et de barricader ses avenues, comme si l'ennemi songeait à nous attaquer. Pendant que nous travaillions fort inutilement à nous mettre en garde contre une offensive à laquelle on n'a jamais pensé, l'ennemi se fortifiait de son côté, il remuait des monceaux de terre, il élevait des forteresses aussi imprenables que les nôtres, et nous condamnait à l'assiéger dans des positions formidables, chaque fois que nous essaierions de sortir. Ce n'est donc pas au dedans, c'est au dehors, aussi loin que possible, en avant de nos forts, qu'il eût fallu porter l'activité des cinq cent mille bras dont disposait la défense. C'est la pioche à la main qu'il eût été habile de combattre, en reculant la ligne d'investissement jusqu'à la rompre, en opposant à chaque ouvrage que l'ennemi tenterait d'établir un ouvrage plus fort et mieux armé, en portant au-devant de lui, au lieu de les immobiliser, nos pièces de gros calibre pour écraser son artillerie de campagne et bouleverser ses travaux. Que de résultats n'eût-on pas obtenus, si l'on eût fait hors de l'enceinte tout ce qui s'est fait sans utilité dans l'intérieur de la place ! La commission des barricades eût rendu beaucoup plus de services hors de Paris que dans Paris. Si, malgré les proclamations emphatiques et les fastueuses paroles qu'on adressait à la population en lui promettant chaque semaine la victoire et la délivrance, on n'avait eu en réalité d'autre ambition que de se tenir sur la défensive, d'attendre indéfiniment le secours de la province, pourquoi appeler à Paris avant le 19 septembre cent mille gardes mobiles et quatre-vingt mille soldats qui se fussent mieux exercés, mieux disciplinés au dehors que dans nos murs, dont nous n'avions aucun besoin pour nous défendre, et qui, joints aux troupes de Bourbaki et de Chanzy, nous eussent peut-être délivrés ? S'il ne s'agissait que de résister derrière nos forts et nos remparts, les marins, les artilleurs, les régiments de douaniers et de forestiers, les gardes républicains, les anciens sergents de ville, les nombreux corps de volontaires, les gardes nationaux, suffisaient amplement à une besogne dont la prudence bien connue de l'ennemi diminuait les difficultés et les dangers. En ce cas aussi, les vivres étant nos armes les meilleures, il fallait, du 4 au 18 septembre, annoncer à la population qu'on allait soutenir un long siège, engager sérieusement toutes les bouches inutiles à quitter la place, y accumuler par tous les chemins de fer restés libres des approvisionnements pour une année, et dès le lendemain de l'investissement y rationner le pain comme dans une ville de guerre.

La forteresse de Montmédy, quoique beaucoup plus petite, est mieux située que celle de Verdun pour soutenir un siège. Plus élevée que les terrains environnants, elle domine le pays du haut de ses remparts et surveille de loin les opérations de ceux qui l'assiègent. Ses défenseurs, autant que le permettait leur petit nombre, profitèrent de l'avantage de la position pour inquiéter fréquemment les Prussiens et pour démonter même quelques batteries ; mais les assiégeants leur opposèrent la patience du chasseur qui guette sa proie à coup sûr. Après avoir réussi à installer non sans peine leurs pièces de siège, ils couvrirent la ville d'obus suivant leur habitude, y détruisirent beaucoup de maisons, en mutilèrent les principaux édifices, et attendirent que la garnison, étroitement investie, fût obligée de capituler. Ils comptaient sur la faim, leur auxiliaire habituelle. Cette fois ils se trompèrent dans leurs calculs. Montmédy, qui avait été désigné à l'intendance comme un des points où se rejoindraient peut-être les armées du maréchal Bazaine et du maréchal Mac-Mahon, regorgeait de vivres. Tant que la ligne des Ardennes n'avait pas été coupée, on y avait envoyé de nos places du nord et de Paris des salaisons, du riz, du café, du biscuit, de la farine, de quoi nourrir pendant quelques jours plusieurs centaines de mille hommes. La place ne capitula donc pas faute de pain. Le commandant déposa les armes sous la menace d'un danger non moins terrible que la famine, sous une pluie d'obus qui, tombant depuis plusieurs mois presque sans interruption dans l'étroite enceinte d'une forteresse à peine aussi grande que la place de la Concorde et y détruisant successivement tous les abris, avait failli à plusieurs reprises faire sauter les poudrières, quelques précautions qu'on prît pour les protéger. Il eût accepté pour lui et pour la garnison ce péril du soldat ; il était de son devoir de n'y point exposer la population civile, les femmes et les enfants, qu'une seule explosion dans un si petit espace eût nécessairement anéantis. Sans cette raison d'humanité, la place de Montmédy tiendrait encore, comme le fait aujourd'hui sa voisine, l'intrépide forteresse de Longwy.

Avec Phalsbourg et Montmédy, la résistance, qui avait duré plus de quatre mois dans les deux départements de la Meurthe et de la Meuse, s'éteignait faute de points d'appui. Les jeunes gens néanmoins ne renonçaient point à combattre, et beaucoup s'enfuyaient de leurs maisons pour aller rejoindre dans la montagne les francs-tireurs des Vosges. D'autres essayaient de gagner le département de la Moselle, où ils savaient que la lutte de la Lorraine contre l'étranger se continuait avec énergie. Là en effet, dans cette contrée patriotique d'où sont sortis tant de soldats de la révolution et du premier empire, rien n'a pu décourager l'intrépidité de nos derniers défenseurs, ni la prétention des Prussiens de garder la rive droite de la Moselle, depuis Sierck jusqu'à Metz, ni la désastreuse capitulation du maréchal Bazaine. Que de larmes cependant ont été versées par une population si fière de ses glorieux souvenirs, si pénétrée du sentiment de l'honneur militaire, lorsqu'on apprit que le commandant en chef de l'armée du Rhin venait de livrer à l'ennemi une place réputée invincible, où jamais l'étranger n'avait pénétré, où depuis Sadowa on avait dépensé des millions pour augmenter le matériel de guerre, pour construire et armer six nouveaux forts ! La douleur qu'éprouvèrent alors les habitants de Metz, le département tout entier la partagea. Chacun se sentit atteint au plus profond de son cœur, dans son affection la plus chère et dans sa plus noble espérance. On allait donc voir entre les mains des Prussiens, sous la garde des sentinelles prussiennes, ces remparts que Charles-Quint n'avait pu prendre, ces bastions formidables, ces puissantes murailles, couvertes par deux rivières, auxquelles s'attachait l'idée d'une force inexpugnable, d'une résistance dont aucune artillerie ne viendrait jamais à bout. Qui ne comprit dans le département les scènes tumultueuses de la capitulation, le désespoir des gardes nationaux et des volontaires réduits malgré eux à l'impuissance, l'explosion de colère d'une partie des habitants sonnant le tocsin par la ville en courant à l'arsenal pour y chercher des armes ? Ils ne voulaient pas croire à la réalité de leur malheur, il ne leur était jamais venu à l'esprit que leur patrie, que Metz la Pucelle, jusque-là respectée et inviolable dans toutes nos guerres, pût succomber un jour, que l'armée sur laquelle ils comptaient pour la sauver fût précisément la cause de sa perte en épuisant ses vivres. L'irritation était si vive et si générale que le maréchal Bazaine dut quitter la ville en voiture fermée pour se dérober aux insultes de la foule, et que, dans les villages des environs, partout où il fut reconnu, les femmes l'accablèrent d'injures. Le conseil municipal de Metz, plus calme, mais non moins douloureusement ému du malheur public, exprima les sentiments qu'il éprouvait avec beaucoup de dignité dans une proclamation adressée aux habitants, où on lit ces nobles paroles, si modérées et par cela même si accablantes pour le commandant en chef de l'armée du Rhin : « Aucun de nous ne peut se reprocher d'avoir manqué à son devoir. Nous devons nous consoler avec l'idée que nos souffrances ne seront que passagères, et que, dans les faits qui viennent de s'accomplir, les habitants de Metz n'ont assumé aucune part de responsabilité, soit devant leur pays, soit devant l'histoire. »

Hélas ! la population parisienne n'a-t-elle pas le droit de dire aussi au gouvernement de la défense nationale et le devoir des municipalités élues n'est-il pas de proclamer en son nom qu'aucune part de responsabilité ne revient aux habitants dans les malheurs qui nous

78

frappent, que Paris a fait son devoir, tout son devoir, que les hommes mûrs sont allés à l'exercice et aux remparts, les jeunes gens aux régiments de marche et au feu, que les vieillards, les femmes les plus délicates, les enfants, les malades, ont supporté courageusement le froid, la faim, la menace des obus, et que, si tout ce dévouement aboutit à une catastrophe, ceux-là seuls en sont responsables qui, ayant pris en main nos destinées, nous répétaient tous les jours qu'ils nous sauveraient, jusqu'au moment où ils nous ont révélé tout à coup que tout était perdu par leur faute ? Lorsqu'on apprit dans le département de la Moselle la reddition de Metz et la capitulation du maréchal Bazaine, la douleur fut immense, le désespoir unanime. On ne se découragea point cependant, l'énergie des combattants ne faiblit pas, les armes ne tombèrent d'aucune des mains qui les tenaient encore. La place de Thionville qui avait été investie quelques jours après Metz, qui continuait à se défendre lorsque sa puissante voisine succomba, qui savait que de nouveaux et plus vigoureux efforts allaient être tentés contre elle, se prépara d'autant plus à une énergique résistance. Les vivres n'y manquaient pas. Sans parler des approvisionnements que l'intendance dirigeait sur Metz par la ligne des Ardennes, et qui ne purent dépasser la gare de Thionville quand les troupes prussiennes eurent coupé le chemin de fer dans la vallée de la Moselle, les habitants du grand-duché de Luxembourg témoignèrent la plus généreuse sympathie à leurs voisins de France en leur envoyant des vivres et des secours aussi longtemps qu'ils le purent. C'est même sur ce point que, grâce à l'activité d'un agent consulaire français et aux bonnes dispositions des autorités luxembourgeoises, grâce surtout au dévouement de notre compagnie des chemins de fer de l'Est qui tient sous sa dépendance le chemin de Guillaume-Luxembourg, on avait accumulé à sept lieues du maréchal Bazaine assez de provisions pour ravitailler son armée et la place de Metz pendant plus d'un mois. Le commandant en chef de l'armée du Rhin, qui le savait, ne se justifiera pas d'en avoir point tenté, quand il en était temps encore, quand ses troupes avaient toute leur vigueur et toute leur discipline, le plus énergique effort pour mettre la main sur des ressources qui, en lui permettant de prolonger sa résistance et de retenir l'armée du prince Frédéric-Charles, eussent assuré le salut de notre pays. Qu'on ne l'oublie pas en effet, c'est l'armée du prince Frédéric-Charles qui nous a perdus en arrivant à temps pour arrêter la marche sur Paris de nos armées de la Loire. On nous sauvait en la retenant un mois de plus sur nos frontières de l'est, et il suffisait pour cela de faire faire sept lieues à 150,000 hommes sur une des deux rives de la Moselle, de couper en deux l'armée qui investissait Metz en détruisant le pont de Malroy, le seul par lequel elle pût passer dans la direction de Thionville, et de rentrer sous le canon des forts, ou mieux encore de gagner la campagne avec des vivres frais avant que les deux tronçons des forces ennemies eussent pu se rejoindre. Mais il était écrit que, dans tout le cours de cette guerre, pendant que nos ennemis ne perdaient ni une occasion ni une heure propice, nous ne saurions rien faire ni à temps ni à propos.

Les Prussiens, qui, sans tout savoir, savaient pourtant que les vivres ne manquaient pas à la garnison de Thionville, renoncèrent à l'idée de la bloquer et de la prendre par la famine. Ils se contentèrent d'installer autour de la place les énormes batteries qu'ils avaient amenées à grand'peine pour le siège de Metz, et que la capitulation du maréchal Bazaine rendait désormais inutiles. À l'abri derrière ces ouvrages en terre qu'ils élèvent si rapidement et avec tant d'art, ils ouvrirent alors sur toutes les parties de la ville le feu le plus meurtrier. C'est là qu'ils essayèrent leurs bombes nouvelles de 60 centimètres de longueur et du poids de 156 livres. Qu'on juge de l'effet produit par de tels projectiles sur une place qui occupe une superficie moins grande que celle de Saint-Denis, et où les feux convergeaient de tous les côtés à la fois ! Aucune maison ne se trouvait hors de la zone atteinte par les obus, aucun autre asile que les caves ne restait aux malheureux habitants. À Paris, on pouvait du moins se sauver, emporter à la hâte les objets les plus précieux et chercher un refuge dans les quartiers épargnés ; mais là, nuit et jour, sans trêve, sans espoir, il fallait vivre sous la menace de l'incendie et de la destruction. Toute la population s'y résigna cependant avec l'énergie que développe dans les âmes le sentiment d'un devoir à remplir envers la patrie. Il ne s'agissait pas pour ces victimes sacrifiées d'avance, abandonnées sur la frontière, éloignées de nos armées, d'espérer quelque jour la délivrance, d'attendre patiemment l'heure du salut, de se consoler des maux présents par les promesses de l'avenir. Elles savaient qu'après la capitulation de Metz toute espérance était perdue pour elles, qu'on ne viendrait pas à leur secours, qu'on ne les sauverait pas ; elles résistèrent, souffrirent et moururent pour honorer leur pays, pour attester leur dévouement à la France, pour montrer au monde que la patrie n'est pas un vain mot, et qu'il y a quelque chose de supérieur à l'intérêt légitime de la conservation personnelle, un besoin mystérieux qui pousse les âmes généreuses à se dévouer sans récompense pour l'unique satisfaction du devoir accompli. Lorsque le commandant de Thionville rendit la place, il capitula sur des ruines, et les vainqueurs, en pénétrant dans la ville, purent reconnaître que bien peu de maisons avaient été épargnées par leurs obus.

## II.

Le désastre de Metz, le malheur de Thionville, ne découragèrent pas le petit nombre de défenseurs qui résistaient encore dans le département de la Moselle. À chaque extrémité de ce département, à plus de trente lieues l'une de l'autre, les deux forteresses de Bitche et de Longwy, sommées de se rendre dès le mois d'août, ne se sont pas encore rendues, et l'armistice les trouvera occupées par des soldats français. On ne peut penser sans reconnaissance à ces sentinelles isolées qui, après six mois de guerre et de défaite, tiennent encore le drapeau de la France si près de la frontière allemande. Elles ne se font assurément aucune illusion sur leurs chances de salut, elles n'attendent rien de l'avenir, elles ne résistent pas pour se sauver ; mais elles gardent un poste de combat et s'y défendent jusqu'au bout. Les officiers qui commandent ces deux places et les habitants qui y vivent ne se croient déliés d'aucun de leurs devoirs parce qu'autour d'eux tout a succombé ; ils pensent au contraire que la patrie a d'autant plus besoin de leur courage qu'elle est plus malheureuse.

Le fort de Bitche, situé à la limite de la Bavière rhénane, au point même où finissent les Vosges françaises, garde la route qui va de Wissembourg à Sarreguemines et à Forbach, en longeant notre frontière.

Cette situation l'exposait à une des premières visites de l'ennemi, qui y arriva en effet dès le début de la campagne en poursuivant les débris de la division Douai, qu'il venait de surprendre et d'écraser dans la malheureuse journée du 4 août. Le général de Failly aurait pu s'y trouver encore, car c'était le poste qui avait été assigné à ses soldats pour relier les forces du maréchal Mac-Mahon à celles du général Frossard ; mais il ne s'y trouvait pas plus qu'il ne se trouvait à la bataille de Forbach et à celle de Reischofen. Il errait sur les routes, dans les défilés des montagnes, pendant qu'à sa droite et à sa gauche, à quelques lieues de lui, deux corps d'armée français étaient écrasés par des forces supérieures. De ces deux engagements livrés si près de lui, ce général ne connut que la déroute dans laquelle il se laissa entraîner avec ses 35,000 hommes, sans pouvoir ni s'arrêter ni se reformer avant Châlons. Du même coup, il avait perdu tous ses bagages et toutes ses rations de vivres, qui heureusement furent recueillis par le commandant du fort de Bitche. C'est de ces magnifiques approvisionnements que vit encore aujourd'hui la petite garnison de la place. Il y avait peut-être là de quoi la nourrir pendant un an. Tout danger de famine écarté, Bitche ne redoute guère une attaque de vive force. Le mamelon isolé sur lequel s'élève la ville est situé au milieu d'une plaine marécageuse où les canons s'embourberaient, et si l'on parvenait avec beaucoup de peine à installer des batteries à portée de la ville, les habitants et les soldats échapperaient facilement aux effets du feu en se réfugiant dans des casemates impénétrables. Les Prussiens paraissent penser jusqu'ici que l'entreprise présente plus de difficultés que d'avantages, et se contentent d'observer les lieux sans attaquer. On dit même que, par une sorte de convention tacite, on s'épargne des deux parts d'inutiles hostilités. Tant qu'on ne l'attaque pas, le commandant se tient sur la défensive ; mais il s'est bien promis de conserver son fort intact : il nous le garde patiemment pour nous le rendre en même temps que les munitions et les effets du corps de Failly. Ce sera un faible dédommagement de tout ce qu'éperdu de nouveau ce malheureux général à la bataille de Beaumont.

La forteresse de Longwy, quoique admirablement située, devait échapper moins facilement que Bitche aux chances d'un siège en règle. Au début de la campagne, pendant les grandes opérations qui se faisaient autour de Metz, l'éloignement du lieu de l'action la protégea d'abord. Elle se trouve en effet dans un angle de notre extrême frontière et comme protégée par la double neutralité de la Belgique et du grand-duché de Luxembourg, dont elle est la voisine immédiate. Tandis qu'en 1792 les Prussiens, venant de Luxembourg et d'Arlon, la rencontraient sur leur route en pénétrant sur le territoire de la France, cette fois il fallait la chercher, et vouloir la prendre pour s'aventurer sur le coin de terre qu'elle occupe. Aussi ne reçut-elle au commencement que la visite de quelques uhlans, qui sommèrent pour la forme le commandant de se rendre, et disparurent après une réponse négative. On n'avait pas eu besoin de cet avertissement pour se tenir sur ses gardes. Dès la fin du mois de juillet, la garde nationale s'organisait sous le commandement de M. d'Adelswærd, ancien officier d'état-major, ancien représentant du peuple ; la petite garnison préparait ses armes, et le génie faisait abattre tous les arbres sur les glacis de la place. On attendait les Prussiens, et, comme ils ne venaient pas, on alla au-devant d'eux. De petits détachements, auxquels s'adjoignaient en volontaires quelques chasseurs du pays, excellents tireurs rompus à toutes les fatigues, fouillaient les bois dans la direction de Montmédy ou de Thionville, dont le canon s'entendait jusqu'à Longwy, et ramenaient des prisonniers ou interceptaient des convois ennemis. Pendant trois mois, cette guerre de reconnaissances et d'escarmouches se continua avec succès. Ni la reddition de Metz, ni la prise de Thionville, ni même celle de Montmédy, ne ralentirent l'ardeur belliqueuse d'une population naturellement brave et d'une garnison vigoureusement commandée. Dans la nuit du 27 décembre, le commandant de la place poussait encore une reconnaissance par Villers-la-Chèvre et Fresnoy-la-Montagne jusqu'à Tellancourt, le point le plus élevé du département de la Moselle, sur la route de Longuyon et de Montmédy.

De là en effet devait venir le danger. Les Prussiens, après avoir écrasé la place de Montmédy sous le feu de 70 ou 80 pièces de gros calibre et mutilé toutes les maisons de la ville haute, songèrent à transporter cette formidable artillerie sous les murs de Longwy. Ils ne le firent pas sans de grandes difficultés, si on en juge par le temps qu'exigea l'opération. Dès le 27 décembre, leur marche était déjà signalée, et d'après les journaux allemands c'est le 10 janvier seulement qu'ils arrivèrent devant la place. La vaillante forteresse les attendait depuis cinq mois et les a reçus vigoureusement du haut de ses remparts construits par Vauban. Peu de positions sont à la fois plus pittoresques et plus propres à la défense que celle qui a été choisie par notre plus grand ingénieur pour y bâtir une ville de guerre. À l'extrémité du plateau des Ardennes, sur un promontoire soutenu par des rochers escarpés d'où l'on domine le cours du

Chiers, d'où l'on découvre le pays belge jusqu'à l'église d'Arlon et le grand-duché jusqu'aux collines derrière lesquelles se cache Luxembourg, la tour carrée de Longwy se dresse comme un phare que les voyageurs reconnaissent à plusieurs lieues de distance. De trois côtés, la forteresse s'appuie sur la roche nue au-dessus de l'abîme béant ; à l'ouest seulement elle se rattache au plateau qu'elle termine par une langue de terre où le génie a déployé toute sa science pour la couvrir par d'épaisses murailles, par des fossés profonds, par des fortins, qui en défendent les approches. À l'intérieur de la place, toutes les constructions portent leur date et comme la marque de l'art sévère qui les a créées : pont-levis, poternes, sombres voûtes, hautes murailles, rues régulières coupées à angles droits, façades uniformes en pierre de taille, semblables à des murs de rempart qu'on aurait percés de fenêtres, toits en ardoise, place carrée bordée de monuments symétriques. Au premier abord, on croirait entrer dans une caserne : magnifique caserne en effet où se logeraient facilement 8,000 soldats sans gêner les habitants ; mais si des murs grisâtres, çà et là, tachés de mousse, qui enferment la forteresse, on porte ses regards sur la campagne, rien de plus saisissant que le contraste d'une architecture si menaçante et d'une nature si aimable. Sur les flancs des collines descendent des jardins suspendus d'étage en étage comme des bouquets de verdure ramassés dans des plis de montagne ; de tous côtés s'ouvrent des vallées fraîches dont le gazon s'enfonce sous des voûtes des grands bois. À ces beautés pittoresques, de puissantes usines, qui animent le cours du Chiers, associent l'activité et la richesse de l'industrie. Aujourd'hui sans doute l'artillerie prussienne a ravagé l'œuvre des hommes et bouleversé le paysage ; mais si les arbres tombent, si les murailles s'écroulent sous le poids des obus, les courages ne se laissent point facilement abattre. Les habitants de Longwy connaissaient depuis longtemps le sort qui les attendait. L'exemple de Thionville et de Montmédy leur apprenait ce qu'ils auraient à souffrir. Ils savaient que, dans la guerre actuelle, avec la tactique nouvelle de nos ennemis, il ne s'agissait plus comme autrefois de ces luttes corps à corps où la bravoure personnelle peut décider du succès, où le plus hardi trouve son jour de gloire et d'héroïsme. Ils n'ignoraient pas qu'ils rencontreraient difficilement un ennemi insaisissable, et qu'il leur faudrait lutter non contre des hommes, mais contre du fer. On les avait prévenus que leur ville serait bombardée, que leurs toits s'effondreraient sur leurs têtes, qu'il ne resterait peut-être pas dans l'étroite enceinte de la forteresse un seul endroit qui ne fût balayé par les projectiles ennemis. On leur avait montré dans le bois du *Chat* la place où s'établiraient certainement les batteries allemandes pour s'élever au même niveau que les remparts de Longwy ; mais la conscience du péril certain auquel ils s'exposaient n'ébranla point leur résolution de résister jusqu'au bout, tant que les casemates pourraient les abriter. Ils ne craignaient point la famine : toutes leurs précautions étaient prises pour vivre pendant de longs mois ; d'ailleurs l'intendance avait fait entrer dans la ville par la Belgique huit cent mille rations destinées à l'armée du maréchal Bazaine. Beaucoup avaient déjà offert à la patrie le sacrifice de leur fortune détruite par la guerre ; ils étaient prêts à y ajouter le sacrifice de leur vie, sachant bien qu'ils combattaient pour une cause presque perdue, n'espérant même pas que leur courage servirait au salut de la France. Ils agissaient comme des

87

marins qui, cernés par des forces supérieures à mille lieues de la patrie et sommés d'amener leur pavillon, n'y voudraient point consentir, et engageraient pour l'honneur du drapeau un combat désespéré, sans aucune chance d'être secourus ni même d'être vengés. C'est dans ces sentiments d'indomptable patriotisme que l'armistice les surprend aujourd'hui ; il arrache à la ruine ce que le canon prussien n'a pas encore détruit dans les murs de Longwy. Il serait assurément hors de propos de nous flatter nous-mêmes en ce moment et de nous dissimuler l'étendue de nos désastres. On nous permettra cependant, au milieu de ce naufrage momentané de notre grandeur nationale, de recueillir, comme des épaves qui porteront l'avenir, tout ce qui nous reste encore de nos anciennes vertus. Ce qui a survécu chez nous aux langueurs énervantes du régime impérial, ce qui ne s'est point éteint dans les âmes malgré l'affaissement général des caractères et le développement immodéré des appétits matériels, c'est le dévouement au pays, c'est le point d'honneur patriotique. Que de souffrances endurées pour la patrie, depuis le bombardement de Strasbourg jusqu'au bombardement de Paris et de Longwy ! Un peuple au sein duquel tant de personnes de toute condition et de tout âge, mal préparées aux sacrifices par leur éducation et par leurs habitudes, savent souffrir tout à coup, sans espoir de salut, uniquement pour une idée, pour un sentiment, pour un principe moral, les plus dures extrémités de la guerre, n'est point, quoi qu'on dise, un peuple dégénéré. Les circonstances lui révèlent à lui-même des qualités qui sommeillaient en lui, auxquelles ne manquait que l'occasion de se produire, et que la secousse du malheur public fait jaillir du fond des âmes. N'en soyons pas néanmoins trop fiers ; ne recommençons pas à nous bercer d'illusions, à nous payer de mots sonores, comme nous l'avons fait trop souvent, en nous décernant des éloges supérieurs à notre mérite. La dure leçon que nous donnent les faits doit nous servir à mieux juger des choses, à nous défier des complaisances de l'amour-propre national, de la crédulité que nous inspire notre confiance en nous, de la facilité avec laquelle nous accueillons tout ce qui flatte nos espérances, tout ce qui répond à nos rêves de grandeur, à nous mieux connaître en un mot et à mieux connaître les autres. La longue comparaison que nous ferons désormais entre nos ennemis et nous n'aura rien qui doive nous décourager. Nous leur laisserons l'avantage des grandes conceptions militaires, d'une stratégie infiniment plus savante, plus méthodique, plus précise que la nôtre ; nous leur accorderons les plus solides qualités d'ensemble, des mérites généraux et en quelque sorte collectifs. Nous ne contesterons pas que, dans le duel engagé par notre faute, l'Allemagne, préparée depuis longtemps à la guerre et supérieurement conduite, ait presque partout vaincu la France surprise ; mais, si la France est vaincue, le génie français ne l'est point. L'énergie de la résistance, l'opiniâtreté de la lutte sur tant de points de notre territoire, la volonté et la faculté de souffrir que révèle dans toutes les classes de la population l'histoire de tous nos sièges, la tension de toutes les intelligences et de tous les courages en face du péril, montrent assez que le ressort individuel n'est pas brisé chez nous. Peut-être même sortirons nous de cette épreuve plus forts et mieux trempés pour les combats de l'avenir ; peut-être avions-nous besoin d'être secoués par le malheur pour retrouver la virilité de notre race et le don toujours français d'accomplir de grandes choses.

# Partie 4

## La Lorraine pendant l'armistice

Pauvre Lorraine ! Je ne l'avais pas revue depuis la fin du mois de juillet, depuis le temps où les soldats français y arrivaient pleins d'espoir, où la population se portait à leur rencontre avec beaucoup de patriotisme, mais non sans une vague inquiétude et de tristes pressentiments. Les gares du chemin de fer de l'Est étaient alors pavoisées, des guirlandes de feuillage couraient le long des bâtiments ; des tonneaux de vin préparés par la générosité publique, des piles de provisions, attendaient au passage les défenseurs du pays. Sans descendre des trains, les soldats tendaient leurs bidons, que des mains empressées remplissaient aussitôt. C'était à qui leur apporterait du pain, du fromage, du lard ; les femmes se distinguaient par leur activité généreuse, comme elles devaient se distinguer plus tard par leur sollicitude pour les blessés. Aujourd'hui l'uniforme français ne se voit plus dans nos provinces de l'est que sur le des de pauvres mutilés qu'il eût été impossible d'emmener en Allemagne. Des employés allemands occupent les gares, des soldats allemands y montent la garde, les trains n'emportent plus que des uniformes prussiens, bavarois, saxons. On n'entend parler autour de soi que la langue allemande ; on se croirait à 100 lieues de France. Quelques rares habitants apparaissent de loin en loin, et regardent passer sans pouvoir s'y accoutumer le flot toujours croissant de l'invasion étrangère ; il faut faire sur soi-même un effort énergique pour fixer sa pensée sur un spectacle si douloureux. On aimerait mieux arracher de son souvenir ces tristes images, effacer cette page de sa vie ; mais aucun de ceux qui aiment leur pays, et qui, au milieu des souffrances de la grande patrie, ressentent plus vivement encore ce que souffre le coin de terre où ils sont nés, ne doit se dérober au devoir nécessaire de dire publiquement ce qu'il a vu. Nous qui, après six mois de séparation, avons pu enfin remettre les pieds sur la terre natale, compter ses blessures, suivre sur son sein déchiré les traces sanglantes de la guerre, serré la main de nos compatriotes, entendu leurs récits, lu dans leurs yeux attristés, sur leurs fronts vieillis, tout ce qu'ils ont éprouvé d'humiliations et de douleurs, nous sommes les témoins d'un grand procès qui n'est point encore jugé, que l'histoire instruira. Nous devons rendre témoignage de ce qui se passe aujourd'hui dans les provinces envahies, de ce qu'y font les Français, de ce qu'y font les Allemands. On aura besoin de connaître un jour tous les détails de l'invasion et de l'occupation étrangère pour juger les deux armées et les deux peuples. Étouffons donc nos plus légitimes émotions, efforçons-nous de conserver le calme de l'historien et de laisser simplement parler les faits.

C'est par la Belgique et le grand-duché de Luxembourg que je rentrai en Lorraine le 6 février, après avoir passé par Amiens, Abbeville, Boulogne, Calais et Lille. Un détour de quatre jours ne me parut pas trop long pour éviter de me remettre à Lagny entre les mains des autorités prussiennes et d'attendre là leur bon plaisir. Les trains allemands, destinés uniquement au transport des troupes, ne prennent en effet des voyageurs français que s'il reste des places disponibles, et ne s'engagent ni à leur conserver les compartiments occupés par eux, ni à les conduire jusqu'à destination.

Nous n'y sommes que tolérés, nous n'y jouissons d'aucun droit positif ; il dépend d'un officier de nous en faire descendre, et d'un chef de train de nous laisser en route. Aussi avec quel empressement, mes compagnons de voyage et moi, profitâmes-nous d'un train français de wagons vides qui allait chercher vers le nord des approvisionnements pour Paris ! Nous avions la douleur de trouver Amiens en proie à l'ennemi, et de lire à la porte de la célèbre cathédrale une inscription allemande interdisant aux soldats d'y fumer, comme pour nous rappeler que quelques-uns d'entre eux avaient pris cette licence au commencement de l'occupation ; mais du moins nous ne dépendions pas d'une autorité étrangère, nous voyagions librement. À Abbeville d'ailleurs nous rentrions dans les lignes françaises, et de là jusqu'au département de la Moselle nous ne devions plus rencontrer d'uniformes allemands. Il était doux à Bruxelles et sur toute la route d'entendre exprimer les sympathies populaires pour notre cause, d'apprendre ce que la charité du peuple belge ne cesse de faire pour nos blessés, pour nos prisonniers, pour les réfugiés nécessiteux. On dit que le gouvernement et les classes supérieures ne nous aiment guère, ou plutôt qu'ils craignent trop la Prusse pour nous témoigner des sentiments sympathiques ; mais il est facile de voir que le peuple a le cœur français, et nous aime d'autant plus qu'il nous voit malheureux.

Je retrouvai le Luxembourg tel que je l'ai toujours connu, guéri de tout penchant pour la Prusse par le long séjour d'une garnison prussienne, peu disposé à sacrifier une indépendance qui assure sa tranquillité, et qui vient encore de le préserver des horreurs de la guerre, mais attaché à la France par les liens les plus intimes de bon voisinage et de cordial attachement, à la condition que la France ne prétende ni le dominer ni l'absorber. Les femmes surtout, qui ont toujours traité avec rigueur les soldats prussiens, ne dissimulent pas leurs préférences françaises. Que de fugitifs de nos armées n'ont-elles pas recueillis, habillés, nourris, après les capitulations de Sedan et de Metz ! Une collecte, faite pour les Français dans la petite ville de Luxembourg, réunit en une après-midi la somme de 7,000 fr. Vingt-quatre voitures de vivres, envoyées par les habitants du grand-duché aux habitants de Metz, attendaient à Uckange, le 28 octobre, que les autorités allemandes leur permissent d'entrer dans la ville. Les Luxembourgeois voulaient être les premiers à secourir nos misères, et ils se plaignent encore que leur envoi ait été retardé par la mauvaise volonté d'un colonel prussien.

Est-ce pour punir le grand-duché de ses sympathies pour la France que les Allemands ne rétablissent aucun service de chemin de fer entre Luxembourg et Thionville, au grand préjudice du commerce local et de l'industrie belge, qui empruntaient cette voie pour leurs relations avec la Suisse ? Un modeste omnibus remplace maintenant la locomotive internationale. À l'entrée en France, au premier village, la marque de l'occupation prussienne apparaît déjà sur les murs du bureau de poste, où pend l'aigle noir au-dessous d'une inscription allemande. Jusque-là, les champs sont ensemencés, cultivés, les sillons de blé et de seigle étendent leurs lignes vertes à droite et à gauche de la route. Plus loin, à mesure qu'on approche de Thionville, la dévastation et la désolation commencent. Landes incultes, maisons éventrées par les obus, murs à demi ruinés, arbres fracassés, tout ce qu'on voit offre l'aspect d'un champ de bataille. Le château de Lagrange reste cependant debout et en apparence intact au milieu de son parc désert. Tout autour de la ville, l'œil n'aperçoit que des troncs d'arbres coupés au ras du sol, des vestiges de haies arrachées, quelques débris de maisonnettes, quelques allées bordées de buis qui indiquent l'emplacement des anciens jardins. C'est là que les habitants venaient arroser quelques fleurs et chercher un peu d'ombre. Plates-bandes entretenues avec amour, rosiers parfumés, dahlias aux riches couleurs, tonnelles discrètes revêtues de vigne vierge et de chèvrefeuille, tout a disparu en même temps. La guerre a fait son œuvre et détruit tout ce qui servait aux joies innocentes de l'homme. L'homme lui-même, qu'est-il devenu ? Combien de ceux qui l'été dernier jouissaient en paix d'un jardinet sous les murs de Thionville n'ont-ils pas été frappés par la maladie, par le chagrin, par la mitraille !

L'intérieur de la ville n'est pas moins désolé. Cinquante-quatre heures d'un bombardement continu ont anéanti tout le quartier de la sous-préfecture, depuis les casernes jusqu'à la place. Des batteries que l'artillerie des assiégés ne pouvait démonter, installées sur des hauteurs à 1,500 mètres des remparts, couvraient les maisons de bombes à pétrole, et y allumaient des incendies inextinguibles. On a retrouvé des projectiles qui n'avaient point éclaté, et qui contenaient 16 litres de matières inflammables. Sous cette pluie de feu, les bâtiments les plus solides s'effondraient, et brûlaient jusqu'au ras du sol. Je cherche une maison amie ; il n'en reste qu'un pan de mur noirci par la fumée. Des fragments de portes brisées, des morceaux de pierres de taille, jonchent çà et là la cour du château. D'aimables hôtes me reçoivent dans une vaste salle dont le plafond porte la marque des obus. Étrange manière de préparer une annexion que des politiques sans scrupules peuvent méditer, mais dont la seule pensée révolte jusqu'au fond de l'âme les habitants les plus inoffensifs ! Quoi qu'en disent à Berlin quelques professeurs d'ethnologie, les gens de Thionville n'ont rien d'allemand, et si quelques affinités les rapprochaient de la race germanique, le souvenir du bombardement les en éloignerait. Les premiers soldats allemands qui entrèrent dans la place croyaient y trouver, d'après les traités de géographie les plus populaires en Allemagne, l'usage de la langue allemande très répandu et très général ; ils reconnurent avec étonnement que la grande majorité de la population était française de langue aussi bien que de cœur. Le petit commerce seul parle allemand pour les besoins de la vente, afin de s'entendre plus facilement avec les paysans des environs. On aura beau débaptiser Thionville, la nommer officiellement *Didenhofen*, comme le fait dans tous les actes publics le gouverneur actuel de la Lorraine, on n'en fera point une cité germanique. Le nom obscur de *Didenhofen* ne rappellera jamais aux habitants du pays que des prétentions insupportables et une domination détestée, tandis que le noble nom de Thionville leur rappelle la gloire toute française du prince de Condé et l'héroïque campagne de 1792.

De Thionville à Longwy, la route de poste traverse les belles usines d'Hayange, le plus important des établissements métallurgiques de notre pays après le Creusot. Les hautes cheminées, si actives jadis, ne lancent plus vers le ciel leurs noires colonnes de fumée ; un silence de mort règne sur la vallée, si bruyante d'ordinaire. Des milliers d'ouvriers trouvaient là le pain de chaque jour. Au prix de quels sacrifices

MM. de Wendel leur procurent-ils encore un peu de travail ! Par quelles épreuves eux-mêmes n'ont-ils point passé depuis le commencement de la guerre, depuis le jour où les premiers boulets allemands éclataient sur leur usine de Styring, entre Sarrebruck et Forbach ! On dit que nos ennemis ne leur pardonnent point leur patriotisme, que l'un d'eux a été conduit dans une forteresse allemande pour expier le crime d'avoir détruit de ses propres mains sa fabrique de projectiles, avant qu'elle tombât au pouvoir des Prussiens ; on dit que le château d'Hayange, une des plus opulentes résidences de la Lorraine, reconstruit et décoré à neuf depuis quelques années, a été pillé en partie, et que des domestiques allemands, employés depuis longtemps par la famille de Wendel, ont guidé les recherches des pillards. Plus loin, à l'endroit même où le parti militaire de Berlin voudrait établir la frontière française, des sentinelles prussiennes, enveloppées de vêtements si épais que l'uniforme tout seul se tiendrait debout, montent la garde d'un pas lent et méthodique au pied du viaduc de Knutange. Chaque gare du reste est soigneusement gardée par un poste de vingt-cinq hommes qui envoient d'une gare à l'autre de fréquentes patrouilles. À Fontoy, à Audun-le-Roman, les casques prussiens reparaissent ; au besoin, ces soldats, distribués avec ordre, seraient chargés des exécutions militaires dans le cas où les communes refuseraient de payer les énormes contributions de guerre que l'ennemi leur impose. L'armistice ne suspend ni les réquisitions ni le recouvrement de l'impôt établi par nos vainqueurs ; d'après les termes mêmes d'une dépêche envoyée de Versailles en Lorraine, la convention signée entre la France et la Prusse autorise simplement les Prussiens à employer des moyens plus doux avant de recourir, s'il le fallait, au pillage et à l'incendie. Le seul acte de propriété que feront cette année les propriétaires lorrains sera de payer à la Prusse un impôt triple de celui qu'ils payaient à la France.

La tour carrée de Longwy, qu'on découvrait autrefois, comme un phare, à quatre lieues de distance, penche maintenant sa tête mutilée ; des magnifiques ombrages qui entouraient les remparts et faisaient à la ville une verte ceinture, il ne reste plus que des arbres épars, isolés, comme des soldats qui resteraient debout au milieu d'un régiment fauché par la mitraille. Sur la route, des branchages accumulés, des pierres arrachées des murs et amoncelées rappellent que les Prussiens élevaient des barricades à l'entrée des villages pour se préserver des sorties de la garnison. On n'a même pas respecté deux petits monuments expiatoires, et les croix brisées gisent à terre. Retrouverai-je au pied de la forteresse, dans la riante vallée de Rehon, la maison où je suis né, où mes parents espéraient vieillir en paix ? Placée entre les batteries des assiégés et celles des assiégeants, aura-t-elle échappé à leur feu ? Tout à coup je pousse un cri de joie en apercevant, à un détour du chemin, du haut de la colline le toit d'ardoise intact et les blanches fenêtres à leur place accoutumée. M'y aura-t-on laissé une place au foyer maternel ? Des sentinelles gardent l'entrée du village, et annoncent qu'un corps ennemi l'occupe. Heureusement il ne reste plus chez ma mère que dix soldats polonais, fort doux, qui couchent tous ensemble sur de la paille dans une chambre du rez-de-chaussée. Pendant le siège, elle a logé, nourri, chauffé quatre-vingts hommes et sept officiers. Ces gens du nord, habitués à la forte chaleur de leurs poêles de faïence, mouraient de froid en face de nos cheminées. Nuit et jour, il fallait entretenir dans leurs chambres de véritables brasiers où les bûches s'engouffraient par centaines. Tous les marbres des cheminées ont éclaté, et la provision de bois de deux ans a disparu en quinze jours. Aucune violence du reste ; il semble même qu'il se soit trouvé parmi les officiers un ami secret qui a tenu à honneur de ménager la maison et de ne permettre dans le village aucune déprédation.

La prise de Longwy a coûté cher aux Prussiens. Les francs-tireurs et les volontaires enfermés dans la place ont souvent poussé leurs sorties jusqu'à trois lieues de distance, surpris des postes, enlevé des cavaliers, débusqué l'ennemi de ses positions. Dans ce pays montagneux et boisé, propice aux embuscades, on faisait la seule guerre qui permît à des troupes jeunes de lutter avec avantage contre des soldats plus nombreux et mieux disciplinés, la guerre de partisans. Dans la brume des brouillards d'automne, les hauteurs boisées cachaient quelquefois des tireurs invisibles qui attendaient l'ennemi au passage et le frappaient à coup sûr. Les chasseurs de la frontière sont renommés pour la précision de leur tir ; ils s'étaient faits soldats par patriotisme : quelques-uns même servaient les canons de la place et les servaient si bien qu'ils démontèrent les batteries prussiennes sur trois points, à Heumont, au bois *du Chat*, au-dessous de Mexy. Malheureusement, par une des plus sombres journées du mois de janvier, les assiégeants parvinrent à établir, sans être vus, leurs mortiers et leurs obusiers à une petite portée des remparts, sur le plateau de Romain. De là, ils écrasèrent la ville de projectiles incendiaires, et ils éteignirent le feu de toutes les pièces qui pouvaient leur répondre. Le bombardement dura neuf jours. Au bout de ce temps, l'église tombait en ruines, la toiture de l'hôtel de ville s'affaissait, un carré de bâtiments, dont un des côtés donne sur la place et l'autre sur la grande rue, brûlait tout entier, une partie des remparts et des casernes s'écroulait ; presque toutes les maisons avaient été atteintes par les projectiles. Pour éviter de nouveaux malheurs absolument inutiles, le commandant, voyant ses pièces démontées et reconnaissant l'impossibilité de se défendre sans artillerie, dut se décider à capituler, mais avec des regrets infinis, après avoir épuisé toutes les formes de la résistance. On ne lui reprochera pas de s'être rendu trop tôt quand on aura visité le champ de bataille ; les façades des maisons montrent de toutes parts leurs plaies béantes, et, si l'on entre par hasard dans celles qui paraissent le plus épargnées, qui ne portent extérieurement aucune marque de destruction, on aperçoit des toits percés à jour, des plafonds éventrés et des poutres branlantes. C'est cependant à cette pauvre ville si maltraitée que les autorités prussiennes, interprétant comme toujours à leur profit un article obscur de la capitulation, demandaient 60,000 fr. au moment où je l'ai traversée.

De Longwy à Metz, la route de voitures, la seule que puissent prendre maintenant les voyageurs, puisqu'il n'existe plus sur cette ligne aucun service régulier de chemin de fer, passe à quelque distance de Thionville, en vue des murs de la place, mais sans y entrer. La plaine de la Moselle, où la culture est si productive, où se faisaient chaque année de si magnifiques récoltes, paraît maintenant désolée et déserte. Nulle trace de semailles dans les champs, aucune apparence de vie dans les villages : çà et là, des maisons semblent vides d'habitants ; par les portes ouvertes, l'on voit les granges nues et les écuries abandonnées ; ni vaches ni chevaux au râtelier. Quelques troupeaux de moutons se dirigent vers Metz, venant d'Allemagne et conduits par des bergers à cheveux blonds. Tout ce qui se fait encore de commerce dans ce pays dévasté passe du reste entre les mains des Allemands. Ce sont leurs marchands qui fournissent des approvisionnements à la ville et leurs voitures qui les y apportent. Une pauvre femme, que j'interroge et qui pleure la perte de tout ce qui lui appartenait, m'apprend qu'elle n'entend plus parler autour d'elle que la langue allemande, et qu'on ne rencontre sur les chemins que des étrangers. Pour qui connaît la facilité avec laquelle la race germanique s'expatrie, la pauvreté d'une partie des habitants de l'Allemagne et leur goût pour le négoce, nul doute que l'invasion civile n'ait suivi partout l'invasion militaire. Derrière l'armée s'avançaient des nuées de commerçants, de spéculateurs, de gens pauvres et avides qui allaient exploiter notre pays et prendre leur part du butin. Quelle proie que la France, que nos provinces de l'est surtout, si riches et si prospères, pour une population besogneuse ! Quelle belle occasion de rapporter chez soi les dépouilles du vaincu, ou de vivre chez lui à ses dépens ! Qu'on ne l'oublie pas, — ce sera un des traits caractéristiques de cette guerre, — depuis le commencement de la campagne, les Allemands n'ont pas perdu de vue un instant leur intérêt commercial ; dans nos relations avec eux, nous n'avons point seulement affaire à des soldats qui usent rigoureusement des droits du vainqueur, mais à des trafiquants fort habiles et très retors qui tireront de nous tout ce que la France peut donner, pour qui chaque succès nouveau de leurs armes représente une série de bénéfices et d'opérations lucratives. Déjà en Lorraine une sorte de bande noire parcourt les villages, y compte le nombre des absents et des morts, de ceux qui, emmenés avec leurs chevaux par les troupes allemandes, n'ont jamais reparu, des victimes que la guerre, le chagrin ou la maladie ont faites, s'enquiert des terres abandonnées, des propriétés à louer ou à vendre, et commence à installer sur le sol français des cultivateurs allemands pour germaniser peu à peu le pays, comme on a germanisé le duché de Posen et le Slesvig. On sert du même coup ses intérêts et la politique de l'Allemagne. Des boutiques allemandes s'ouvrent à Metz, à Nancy, partout où les troupes séjournent, et cherchent à s'approprier le commerce local. Si on évalue à un million le nombre des soldats allemands qui ont pénétré en France, il ne faut pas estimer à un chiffre inférieur la population civile qu'ils traînent à leur suite. Tous les départements envahis regorgent de visiteurs intéressés qu'y attire l'espoir d'y commencer ou d'y compléter leur fortune. La Moselle surtout en reçoit un grand nombre par les trois routes de Sierck, de Forbach et de Sarreguemines.

Au-delà du village dévasté et ruiné de Maizières commence la ligne d'investissement que l'armée prussienne avait tracée autour de Metz. L'œil cherche avec curiosité ces formidables retranchements dont on a tant parlé, ce prétendu cercle de fer dans lequel le maréchal Bazaine se disait enfermé. Quelques accidents de terrain habilement utilisés, quelques fossés naturels ou creusés de main d'homme, derrière lesquels des épaulements abritaient des batteries, voilà tout ce qu'on découvre, à une lieue de distance, au milieu de la plaine nue. Comparés aux terrassements du génie français, ces travaux ressemblent à de simples ébauches, que nulle part on ne s'est donné la peine d'achever avec soin. La terre n'est ni tassée, ni coupée en compartiments symétriques, avec des angles et des talus irréprochables ; elle est simplement jetée à la pelle, sans que la corde et le niveau l'aient régularisée. Même dans les ouvrages militaires, nous poursuivons la beauté de la forme, nous cherchons le style ; les Prussiens, gens positifs, ne s'occupent que de ce qui est utile, et ne font que le nécessaire. Peu leur importe que leurs travaux paraissent sans art, pourvu qu'ils en tirent pour la guerre tout le parti qu'ils peuvent en attendre ; mais, si les retranchements qu'on voit entre Maizières et Metz, depuis les bords de la Moselle jusqu'aux collines qui bordent la plaine, sont réellement des fortifications imprenables, il faut que nos officiers du génie changent de système. À quoi bon entretenir désormais à grands frais les remparts de nos forteresses, enfermer derrière des murs inutiles une population inoffensive que nous exposons au danger du bombardement ? Partout où l'on voudra, sur n'importe quel terrain désigné pour les besoins d'une campagne, quelques milliers d'hommes se retrancheront en quelques jours aussi aisément et aussi sûrement que les Prussiens s'étaient retranchés devant Metz. Il est vrai que les habitants de Metz ne croient pas à la force des positions prussiennes. Ils ont vu nos soldats enlever les batteries ennemies à Retonfay, à Flanville, à Sémécourt, et revenir en arrière, non parce qu'on rencontrait des obstacles insurmontables, mais uniquement parce que le général en chef n'envoyait aucun renfort aux troupes engagées et déjà victorieuses. Peut-être aussi découvrirons-nous qu'autour de Paris nos généraux ont été dupes de l'apparence de la force, qu'au commencement du siège ils ont pris des ouvrages insignifiants et à peine ébauchés pour des retranchements inexpugnables. Du moins les Prussiens déclarent-ils à Versailles que, pendant bien longtemps, il nous a été possible et même

102

facile de nous frayer un chemin entre Clamart et Villejuif.

Les combats du 6 et du 7 octobre, les derniers qu'ait livrés le maréchal Bazaine, ont laissé leurs traces au village de Saint-Remy, où il ne reste plus que des Pans de murs noircis, où les rares maisons qui se tiennent encore debout ne se composent que de quatre murailles sans portes, sans fenêtres, sans toit. On voit de loin, dans les fermes isolées des environs, les larges trous creusés par les boulets. Le rideau d'arbres épais sous lequel s'abritait le château de Ladonchamps a été traversé et percé par les obus comme un rempart dans lequel le canon aurait fait brèche. Ses vieux murs ont résisté à la pluie des projectiles ; mais le toit d'ardoise, défoncé, montre ses blessures béantes. Au-delà commence la zone de dévastation qui annonce le voisinage d'une place de guerre. Jusqu'aux moindres arbustes, tout a été rasé par nous-mêmes, comme si Metz avait à craindre une attaque de vive force entre les canons de ses remparts et les canons de ses forts. Cette campagne, autrefois peuplée de jardins, offre aujourd'hui une surface aussi nue qu'un champ de manœuvres. Que de sacrifices inutiles nous avons faits ainsi, que de vains efforts pour rendre les places imprenables en face d'un ennemi qui ne monte pas à l'assaut, et qui bloque les villes au lieu d'y lancer ses soldats ! L'illusion constante de nos généraux a été de croire qu'ils seraient attaqués, de prendre des précautions infinies pour se mettre en garde contre les opérations offensives des Allemands, tandis que ceux-ci ne songeaient au contraire qu'à nous user par la famine, à nous forcer, pour ne pas mourir de faim, à les attaquer eux-mêmes dans des positions choisies d'avance et fortifiées par eux.

103

Voici Metz avec ses glacis, avec le labyrinthe de ses fortifications savantes, avec les lignes brisées de ses remparts, avec ses poternes, ses ponts-levis, ses fossés profonds. Pas un boulet ennemi n'a effleuré son enceinte, et cependant des factionnaires prussiens montent la garde aux portes de la ville, les troupes prussiennes occupent les vastes casernes du Fort, l'école d'application, l'école régimentaire d'artillerie, la magnifique caserne du génie, le quartier Coislin. Ce simple rapprochement fera comprendre l'inconsolable douleur des habitants de Metz, l'indignation que leur inspire encore aujourd'hui la conduite du maréchal Bazaine. On ne l'accuse pas seulement d'avoir commis des fautes militaires, d'avoir gagné la bataille de Gravelotte sans s'en douter, sans profiter, comme il l'eût pu, de l'avantage qu'il devait à l'élan de ses soldats, d'avoir retenu la garde l'arme au pied pendant toute la bataille de Saint-Privat, et de s'être enfermé de sa personne dans le fort de Plappeville au lieu de marcher à l'ennemi ; on sait de plus que depuis le 18 août il n'a pas tenté une seule fois un effort vigoureux pour sortir de Metz, qu'aucune de ses attaques n'a été poussée à fond.

Que de souffrances avait supportées pendant ce temps la ville de Metz, et que cette noble population méritait peu le sort auquel on la condamnait malgré elle ! Dès le début de la campagne, les jeunes gens s'étaient organisés en corps de volontaires et de francs-tireurs, les hommes mûrs en bataillons de garde nationale. Les femmes de toute condition et de tout âge passaient leurs journées, leurs nuits, à soigner les blessés, qui encombraient tous les établissements publics, et les maisons particulières, qu'il fallait installer jusque dans des wagons de la compagnie de l'Est sur la Place royale. Après la bataille de Saint-Privat, on en compta pendant quelques jours jusqu'à 22,000 dans l'étroite enceinte de la cité. Le linge, les médicaments, les médecins militaires, faisaient défaut. Les médecins civils, soutenus par le dévouement et par la charité des particuliers, surtout par le zèle des gardes-malades improvisées, suppléèrent à cette insuffisance avec une admirable énergie. Des maladies contagieuses, la dysenterie, la pourriture d'hôpital, des affections typhoïdes, la petite vérole, se déclarèrent au milieu de ces masses d'hommes agglomérées sans décourager aucun de ceux qui les soignaient. Des femmes délicates, des jeunes filles, vivaient dans cet air empesté, et ne quittaient leur poste que le jour où le mal les frappait à leur tour. Aussi le nombre des victimes fut-il considérable parmi les habitants. Il y eut des jours où le chiffre des décès s'éleva jusqu'à 40, tandis que dans les temps ordinaires il ne dépasse pas 4 ou 5. La faim à son tour fit sentir ses atteintes ; il y eut là des scènes lamentables, dont les témoins oculaires ne parlent encore qu'avec horreur. On voyait errants par la ville des soldats hâves, les yeux hagards, à la démarche chancelante, qui s'appuyaient le long des maisons pour ne pas tomber, et s'affaissaient tout à coup au seuil d'une porte en demandant d'une voix éteinte : du pain, du pain ! La population civile en manquait elle-même, et ne pouvait partager avec eux que des vivres insuffisants. Que de femmes du peuple ont rogné leur portion pour les empêcher de mourir de faim, que de gens leur ont apporté dans la rue le dîner de la famille, jusqu'à la part des enfants et de la vieille mère ! Les habitants de Metz oublient presque leurs propres souffrances, lorsqu'ils pensent à celles de l'armée. J'ai vu mes amis pleurer de douleur en se rappelant que, sous leurs yeux, les meilleurs soldats, les plus beaux hommes qu'eût la France, les zouaves, les cuirassiers, les grenadiers de la garde, des régiments de ligne admirables, pleins de vigueur et d'audace, auxquels on eût pu demander tous les genres d'héroïsme, qui se battaient comme des lions chaque fois qu'on les envoyait à l'ennemi, s'étaient fondus peu à peu dans l'inaction où leur chef les retenait, et avaient fini par mourir dans les angoisses de la faim. Sur 120,000 hommes de troupes que le maréchal Bazaine avait encore après la bataille de Saint-Privat, sans compter la garnison, les gardes nationaux et les volontaires, il avoue lui-même que le 28 octobre il ne lui restait plus que 65,000 hommes en état de porter les armes. Le reste était mort, non du feu de l'ennemi, mais de misère et de besoin, ou grelottait sans force dans la boue du bivouac.

Pour beaucoup, la capitulation fut le signal de nouvelles et intolérables souffrances. Avant de les emmener en Allemagne, on les laissa des nuits entières immobiles, sans manteaux, sans couvertures, sous une pluie battante. J'en connais un qui, atteint d'un commencement de fièvre typhoïde, tomba inanimé sur le sol, et ne retrouva plus la force de se relever. Des paysans qui passaient l'emportèrent, le mirent dans un lit chaud et le guérirent. Ces affreux spectacles ne s'effaceront pas de la mémoire des habitants de Metz. Toute leur vie, ceux qui en ont été les témoins se rappelleront les derniers jours du mois d'octobre de l'année 1870. Ils reverront par l'imagination les soldats se traîner de porte en porte ou se coucher épuisés sur la terre humide, — les chevaux, affamés comme leurs maîtres, manger les queues et les crinières de leurs voisins d'écurie, dévorer leurs mangeoires, dépouiller les arbres d'écorce et de branches aussi haut que leurs dents pouvaient atteindre. Beaucoup de personnes regrettent encore qu'on n'ait pas pris plus tôt un parti énergique, que le conseil municipal ne se soit pas entendu avec un certain nombre d'officiers pour enlever au maréchal Bazaine son commandement. Il y eut bien quelques tentatives de ce genre, une sorte d'entente entre les habitants et les soldats et comme un commencement de conspiration civile et militaire ; mais on ne réussit pas à trouver un général qui se mît résolument à la tête de l'entreprise. Les généraux Changarnier et Ladmirault, auxquels on avait songé, dont on sonda même les dispositions, se dérobèrent à la responsabilité qu'on voulait faire peser sur eux. Peut-être leur parut-il bien grave de tenter « un coup de main *à l'espagnole* en arrêtant leur supérieur hiérarchique pour se mettre à sa place ; peut-être aussi était-il trop tard lorsqu'on leur fit des ouvertures, et jugèrent-ils le mal sans remède. En tout cas, leur attitude ne permit même pas qu'on leur demandât nettement ce qu'on attendait de leur énergie, et il ne semble point qu'on soit jamais allé avec eux jusqu'à une proposition directe.

Si les Messins me peuvent oublier ce qu'a souffert sous leurs yeux une armée digne d'un meilleur sort, une armée qui, commandée par un autre chef, eût pu les sauver et sauver la France, ils n'oublieront pas non plus la conduite qu'ont tenue les troupes allemandes depuis leur entrée dans le département de la Moselle. Il y a des faits qui caractérisent une guerre. Une foule d'événements s'effacent de la mémoire des hommes ; ceux-là survivent au contraire et se gravent dans les esprits, parce qu'ils peignent une époque et un peuple. Dans ce nombre compteront certainement les exécutions militaires qu'ont ordonnées les Prussiens sur le sol français en vertu de la loi par laquelle ils interdisent à la population civile de se mêler à la guerre, lui refusent absolument le droit de légitime défense, et, non contents de la traiter avec la dernière rigueur, si elle prend les armes, la rendent responsable de tout acte hostile qui se commet dans son voisinage. D'après ce code nouveau il ne suffit pas que les habitants d'une commune, pour être respectés, s'abstiennent de toute hostilité ; ils deviennent coupables et méritent le châtiment le plus dur, si, même malgré eux, même à leur insu, quelque fait de guerre s'accomplit sur leur territoire. Le village de Peltre en fit la cruelle expérience pendant le siège de Metz. Les assiégés, dans une sortie, l'avaient occupé, puis abandonné ; quand les Prussiens y rentrèrent, ils accusèrent les paysans de s'être entendus avec nos soldats, et décidèrent que le village entier serait brûlé. Deux jours de suite, on mit le feu à toutes les maisons froidement, systématiquement, et on n'en laissa subsister aucune. Un établissement restait, une maison religieuse occupée par vingt-trois sœurs qui y avaient soigné des blessés et des malades prussiens depuis le commencement du siège. On les fit sortir, et sous leurs yeux on alluma l'incendie dans des bâtiments que leur chants avait rendus sacrés. Cette scène ne serait pas complète, si l'on n'ajoutait qu'au moment même où le couvent brûlait un aide-de-camp du prince Frédéric-Charles venait demander six religieuses de Peltre pour donner des soins à ses blessés sur un autre point. Devant leur maison en flammes, les nobles sœurs répondirent simplement : « Nous irons.» Elles partirent sur-le-champ, et les Prussiens, qui venaient de détruire leur asile, acceptèrent leurs services. À la veillée, pendant les soirs d'hiver, les paysans lorrains se raconteront longtemps cette histoire.

On racontera aussi la destruction du village de Fontenoy, près de Toul, brûlé récemment parce que des francs-tireurs avaient fait sauter aux environs le pont du chemin de fer. À la tombée de la nuit les soldats prussiens chargés de l'exécution militaire envahirent toutes les maisons, en chassèrent les habitants à coups de crosse de fusil, sans leur permettre de rentrer chez eux et d'emporter même le plus mince objet, entassèrent dans les chambres des fagots, des bottes de paille, et mirent le feu partout. Les récoltes, les provisions, le mobilier, les vêtements des pauvres gens, jusqu'au linge de corps, tout fut anéanti ; les chevaux, les vaches, les moutons les porcs, brûlèrent dans les écuries : on dit même qu'une femme infirme, qu'on n'avait pu transporter ailleurs, disparut sous les décombres de sa maison ! Mais la justice prussienne ne se borne pas en général à des punitions sans profit ; ses sentences se terminent presque toujours par une amende. Ici, on rendit cinq départements responsables d'un acte de guerre commis à leur insu par des troupes venues de loin, qui n'avaient eu besoin pour le commettre ni de la complicité ni du secours des habitants, et on exigea de la Lorraine une contribution de 10 millions ; de plus il fallut que des travailleurs de Nancy vinssent rétablir le pont détruit par des soldats français. On en demanda d'abord 500, et comme personne ne s'était présenté pour ce travail, on défendit aux patrons et aux surveillants, sous peine d'être fusillés, de payer le moindre salaire à leurs ouvriers tant que le nombre de bras exigé ne serait pas complet. Il y eut même un jour à Nancy, sur la carrière de la place Stanislas, une sorte de presse ou de razzia pour emmener à Fontenoy et faire travailler au rétablissement du pont toutes les personnes, de quelque condition qu'elles fussent, qui passaient sur ces deux points de la ville à l'heure où il y vient le plus de monde.

L'armistice n'interrompt en Lorraine ni les réquisitions dans les villages, ni la perception des impôts levés par les autorités allemandes, ni même les mesures contre les personnes. La petite commune de Réméréville, près de Nancy, recevait récemment la visite de cavaliers et de gendarmes prussiens qui venaient y réclamer sur-le-champ une contribution de 2,600 francs. Les habitants n y sont pas riches, et avaient déjà beaucoup donné ; quelques efforts que l'on fît, on ne put réunir que 2,500 francs. Les agents du fisc prussien refusèrent de recevoir 100 francs de moins qu'il ne leur était dû, et partirent en annonçant que, si la somme entière n était pas payée dans un délai très rapproché, ils procéderaient à une exécution militaire. À Nancy, on se croit à chaque instant sous la menace des dernières rigueurs. Après y avoir perçu jusqu'ici près de 4 millions en argent, sans compter ce qui a été fourni en nature, le logement et la nourriture des troupes qui y passent tous les jours depuis six mois, les Allemands exigent de nouveau, sous différents prétextes, 1,400,000 francs, que la ville est hors d'état de payer. Si elle ne paie point, l'autorité allemande fait entrevoir des mesures sévères, et tient les habitants sous la terreur. À Metz, comme dans toutes les parties de la Lorraine que nos ennemis entendent annexer à l'Allemagne malgré la volonté des populations, les impôts en argent sont moins durs, quoique pendant l'armistice le roi de Prusse vienne d'accorder aux officiers allemands 15 francs d'indemnité de campagne par jour au lieu de 6, et que les contribuables français soient tenus de les payer ; mais en revanche on traite les personnes plus sévèrement pour faire acte de domination et exercer d'avance les droits de souveraineté. Il faut préparer le terrain pour l'annexion, écarter par conséquent les éléments de résistance. On établit peu à peu en principe que tous les chefs de service, tous les fonctionnaires, même d'un ordre inférieur, qui ne sont point du pays, qui n'y possèdent point de propriétés, doivent quitter les lieux. En plein armistice, le président du tribunal civil, deux présidents de chambre à la cour d'appel, un conseiller, ont reçu l'ordre de s'éloigner avec leurs familles dans le délai de trois jours. D'autres se savent menacés. Une police vigilante les surveille, et au moindre symptôme d'opposition les enverra en exil. Les journaux, dont le patriotisme n'a pas failli depuis l'occupation prussienne, sentent toujours quelque épée de Damoclès suspendue au-dessus de la tête de ceux qui les rédigent. Le rédacteur de *l'Indépendant de la Moselle* a même payé son courage de sa liberté et passé quelque temps en Allemagne comme prisonnier. Pour chacun du reste, la prison commence aux portes mêmes de Metz.

Nulle trace de découragement ne se manifeste néanmoins, même chez ceux qui ont le plus souffert. Les visages expriment plus de tristesse que d'abattement ; une résolution indomptable survit au fond de tous les cœurs aux plus dures épreuves. Après avoir supporté les malheurs du passé, on défie intrépidement ceux de l'avenir. Quel que soit le sort réservé à la ville par les traités, les habitants savent qu'il ne dépend d'aucun article diplomatique de changer leurs sentiments, qu'ils resteront Français de cœur jusqu'au dernier jour, et qu'ils élèveront leurs enfants dans l'amour de la France. L'Allemagne ne peut se faire à cet égard aucune illusion. Les nombreux officiers, les administrateurs et les agents de police qu'elle entretient à Metz doivent lui dire, s'ils sont clairvoyants et sincères, que tous les esprits sans exception y résistent énergiquement à toute tentative de propagande germanique. On y loge, on y nourrit les fonctionnaires allemands par ordre ; mais, quoique beaucoup d'entre eux se piquent d'une politesse raffinée et témoignent même aux habitants des égards importuns, la vie de famille où ils espéraient être admis, où ils expriment quelquefois le désir discret de pénétrer, leur reste impitoyablement fermée. Il y a, il y aura toujours un mur infranchissable entre la population française et la garnison étrangère. Les femmes, plus libres que les hommes de laisser voir ce qu'elles pensent, le disent assez haut pour que toute oreille allemande ait pu l'entendre. À ceux qui leur demandent de les traiter en amis, elles répondent invariablement que la loi prussienne peut disposer de leurs appartements et de leurs tables, mais non de leurs affections, et que tout ce qu'elles ont d'amour, elles le gardent pour la patrie française. Toujours vêtues de noir, dans le costume le plus simple et le plus sévère, elles portent ostensiblement, sous les yeux de nos vainqueurs, le deuil de notre défaite. Ce n'est là, il est vrai, qu'une force morale ; mais la force morale prépare les instruments de l'avenir, et l'on reconnaît les peuples dont les malheurs ne dureront pas à la dignité avec laquelle ils supportent les coups inattendus qui les frappent.

Les sentiments individuels des Messins ont été résumés du reste avec beaucoup de force et de noblesse dans un mémoire que le conseil municipal de Metz adressait le 11 février au gouvernement de la défense nationale. Après avoir établi qu'à Metz, même au temps où la ville faisait partie du saint-empire romain, on parlait et on écrivait uniquement le français, que la langue et les origines de la cité la rattachent à la France en la séparant de l'Allemagne, qu'aujourd'hui encore presque personne n'y sait l'allemand, et que le petit groupe germanique qui y résidait avant l'invasion ne se composait que de gens de service et d'employés de commerce, la municipalité messine conclut en des termes qui doivent rester comme l'expression de l'opinion publique et la protestation anticipée du droit contre la force. « Nous affirmons, dit-elle, qu'à Metz tous les habitants, sans distinction de croyances religieuses ou d'opinions politiques, sont unis dans un sentiment commun, et que rien au monde ne peut altérer leur volonté de conserver la nationalité française. Personne, nous en avons la certitude, ne contestera l'évidence de ce fait, et si, de quelque côté que ce fût, il pouvait s'élever le moindre doute, le vœu des populations librement exprimé répondrait avec un mouvement unanime. » La cité dont les représentants naturels parlent ainsi en face de l'étranger, sous la main de ceux qui la convoitent, peut attendre avec calme la réponse des événements ; quoi qu'il arrive, elle aura dit nettement ce qu'elle veut, et n'aura rien cédé de ce qu'il lui appartient de revendiquer comme son droit.

# Partie 5

# La guerre en Lorraine : les sièges de Toul et de Verdun

La guerre de sièges qu'une partie de la population française a soutenue contre l'artillerie prussienne avec des moyens de défense insuffisants, uniquement pour l'honneur du drapeau, sans aucun espoir de succès, mérite d'être racontée en détail, d'après des documents authentiques. C'est dans ces circonstances difficiles que s'est le mieux montrée chez les habitants la résolution de se défendre, la volonté de résister jusqu'à la dernière limite des ressources, de partager les souffrances et les sacrifices de l'armée. Il y a eu là des actes de dévouement individuel et d'énergie collective qui honorent trop notre pays pour qu'on les oublie ou qu'on les passe sous silence. Nous n'en tirerons pas vanité, nous nous rappellerons que sur d'autres points ni le sentiment du devoir, ni le patriotisme n'ont été assez forts pour empêcher de nombreuses défaillances ; mais nous aurons rendu à de bons citoyens une justice méritée et trouvé dans le souvenir de ce qu'ils ont volontairement souffert pour la patrie la seule consolation qui convienne à des vaincus. La lutte de 1870 ne nous a pas seulement révélé tout ce que cachait de corruption et de faiblesse notre apparente prospérité, nos désastres ne nous parlent pas seulement de nos fautes ; quelques vertus sont nées de nos malheurs mêmes, ont fleuri au milieu de nos ruines, et nous défendent de désespérer de l'avenir.

La Lorraine, par sa position géographique, par le grand nombre de places fortes qu'elle renferme, était destinée plus qu'aucune province à supporter une lutte que la supériorité de l'artillerie prussienne et le caractère impitoyable de la guerre rendaient d'avance aussi périlleuse qu'inutile. On ne lui reprochera pas d'avoir manqué à ce qu'elle devait à la France. La seule de ses huit forteresses qui pût opposer à l'ennemi une résistance efficace a été livrée aux Allemands par le maréchal Bazaine ; les sept autres se sont défendues jusqu'au bout avec une extrême vigueur. Longwy, qui avait reçu en vingt-quatre heures 7,000 projectiles, dont les casemates s'effondraient, ne capitula qu'à la veille de l'armistice, après avoir essuyé neuf jours de bombardement. Bitche tenait encore au moment où la paix fut signée ; les Prussiens le possèdent en vertu du traité sans l'avoir jamais pris par la force. Les défenseurs de Phalsbourg avaient mangé leur dernier morceau de pain lorsqu'ils ouvrirent leurs portes ; les rues brûlées de Thionville et de Montmédy disent assez tout ce que la population y a souffert avant de se rendre. On voudrait raconter aujourd'hui avec quel dévouement les deux citadelles lorraines les plus mal placées, les plus exposées au feu de l'ennemi, Toul et Verdun, ont supporté un siège assez long pour étonner l'Allemagne, et dépasser les espérances des militaires français.

I

Toul, situé en seconde ligne, derrière Metz et Strasbourg, à plus de vingt lieues de la frontière, s'attendait encore moins que ces deux places fortes à une attaque prochaine. On s'y préparait si peu à se défendre que le gouvernement, en prévision d'une guerre offensive, se proposait d'y réunir une partie des réserves de l'armée. On y envoyait 400 lits, un matériel d'ambulance considérable, trois batteries d'artillerie à pied, deux compagnies de pontonniers, un équipage de pont, un dépôt d'infanterie et cinq dépôts de cavalerie. Les soldats devaient s'y exercer en lieu sûr, loin de la présence de l'ennemi, jusqu'au jour où les nécessités de la campagne exigeraient d'eux un service actif. Quelques heures de combat dissipèrent toutes ces illusions. Dès le 6 août, après les deux défaites de Forbach et de Reichshofen, il s'agissait non plus d'envahir l'Allemagne, mais de subir la guerre chez soi, de préserver notre territoire envahi. Dans ces conditions nouvelles, même lorsque la ligne des Vosges était désertée avant d'avoir été défendue, l'armée française, au lieu de se concentrer sous les murs de Metz, aurait pu occuper une position très forte et arrêter l'invasion en s'établissant dans la forêt de Haye, entre Nancy et Toul, en couronnant les hauteurs escarpées et boisées qui séparent le bassin de la Moselle du bassin de la Meuse, en couvrant le chemin de fer de l'Est pour maintenir ses communications avec Paris. Ce projet, qui eût peut-être épargné de grands malheurs à la France, traversa un instant la pensée hésitante de l'empereur pour être rejeté presque aussitôt que conçu. Le général Changarnier en a parlé à la tribune comme d'une conception heureuse trop facilement abandonnée ; le maréchal Bazaine, dans un entretien confidentiel avec la maire de Metz, en regrettait aussi l'abandon, qu'il attribuait à un intérêt dynastique.

Le général de Failly, qui se repliait dans le plus grand désordre sans avoir combattu, fut appelé de Mirecourt à Toul, probablement pour opérer en avant de cette dernière place la concentration à laquelle on songeait et pour donner la main à l'armée de Metz ; mais il régnait alors une telle confusion et une telle incertitude au quartier impérial que, le jour même où le commandant du 5e corps recevait des instructions en ce sens, le télégraphe lui en apportait de contraires quelques heures après. « Vous avez reçu ce matin l'ordre de vous diriger vers Toul, lui écrivait le 12 août le major-général ; l'empereur annule cet ordre, et vous prescrit de vous diriger vers Paris en suivant la route qui vous paraîtra la plus convenable. » Une nouvelle dépêche contredisant les deux précédentes l'envoyait au camp de Châlons, d'où il devait marcher sur Sedan. Le 6e corps, de son côté, ne recevait pas d'instructions plus précises que le 5e ; appelé d'abord de Châlons à Nancy, puis renvoyé de Nancy à Châlons et définitivement rappelé à Metz, il arrivait incomplet à sa dernière destination, après avoir laissé sur les routes une partie de sa cavalerie et de ses canons. A peine une résolution était-elle prise, qu'une résolution opposée en détruisait l'effet. La retraite du général de Failly et l'immobilité de l'armée autour de Metz découvraient la place de Toul, où rien n'avait été préparé pour la défense. On eût pu créer à l'ennemi des obstacles sérieux en avant de la ville, si l'on avait fait sauter le tunnel de Foug et détruit à Fontenoy le pont du chemin de fer, comme le demandait le lieutenant-colonel du génie Michon. Des fourneaux de mines furent établis sur ces deux points, mais on ne devait les allumer que si l'empereur en donnait l'ordre. Les Prussiens arrivaient, l'ordre n'arriva jamais. Le pont ne fut détruit que cinq mois après par une tentative hardie des corps francs qui coûta à la Lorraine dix millions de contributions et causa la ruine du malheureux village de Fontenoy, froidement et systématiquement brûlé, suivant l'usage prussien, pour punir les habitants d'un fait de guerre auquel aucun d'eux n'avait pris part.

Dès que la retraite du 5e corps fut résolue, le gouvernement considéra la place de Toul comme sacrifiée, comme destinée à succomber aussitôt que l'ennemi l'attaquerait sérieusement. On ne songea plus qu'à diminuer le butin du vainqueur en faisant sortir de la ville la plus grande partie des réserves qu'on y avait rassemblées, l'équipage de pont, les compagnies de pontonniers, les batteries d'artillerie, quatre dépôts de cavalerie sur cinq ; on n'y laissa qu'une garnison d'environ 2,600 hommes, parmi lesquels on comptait à peine 200 soldats exercés. C'étaient des fantassins de la garde mobile, vêtus d'uniformes disparates, et qui maniaient le chassepot depuis quelques jours seulement, des artilleurs qui n'avaient jamais touché un canon, que commandaient des médecins, des notaires, des ingénieurs civils, des industriels, — des gardes nationaux qui n'avaient reçu que depuis trois jours leurs fusils à piston ; c'étaient le dépôt du 4e régiment de cuirassiers et celui du 63e de ligne, composé de conscrits. Les 30 gendarmes des brigades de l'arrondissement formaient la troupe la plus solide et la plus aguerrie. A ces jeunes soldats, on donnait des chefs improvisés ; le commandant Huck, ancien chef d'escadron de cuirassiers, venait de prendre le commandement de la place, et l'officier du génie qui devait y organiser la résistance n'y arrivait que la veille de l'apparition de l'ennemi.

Voilà les seuls moyens de défense que pouvait opposer aux Allemands une ville fort mal placée d'ailleurs pour résister aux effets de l'artillerie moderne. A la distance de 600, de 700, de 1,200 et de 1,500 mètres, s'étendent autour de Toul des collines qui dominent les remparts ; une de ces hauteurs, le mont Saint-Michel, s'élève à 185 mètres au-dessus du pavé de la place. Cette situation paraissait si dangereuse que la construction d'une ceinture de forts était depuis longtemps décidée en principe ; mais les travaux de Metz absorbaient presque tous les fonds réservés aux villes de guerre de l'est, et rien de ce qu'on projetait n'avait été entrepris au moment où on commença la campagne. En 1870, les fortifications de Toul se réduisaient à une enceinte bastionnée construite d'après les dessins de Vauban, avec un chemin couvert et quelques dehors. Dans ces conditions, on estimait que la place ne tiendrait pas plus de deux jours. Les Prussiens, connaissant aussi bien que nous tout ce qui manquait à la garnison pour qu'elle pût se défendre, pressés d'ailleurs de s'emparer de la ligne du chemin de fer, tentèrent sans perdre de temps d'emporter la position par un coup-de vigueur. Le 14 août, pendant que nos batteries d'artillerie de campagne se retiraient. vers le camp de Châlons, un parlementaire allemand sommait la place de se rendre, et le 16 à midi, après deux nouvelles sommations demeurées sans résultat, l'artillerie prussienne établie vers la Croix de Metz, à mi-côte du mont Saint-Michel et près du village de Dommartin, ouvrait un feu nourri sur la porte de Metz et sur les quartiers avoisinants. En même temps la division Franseçky, composée du contingent d'Anhalt-Dessau, s'approchait des glacis à l'abri des haies, disposait des tirailleurs dans les jardins, et engageait avec la garnison, avec la garde nationale qui s'était portée tout entière sur le rempart, un vif combat de mousqueterie. Les obus allemands allumèrent ce jour-là de nombreux incendies : on réussit à en étouffer 22, mais un magasin à fourrages et l'hôtel du receveur particulier des finances furent entièrement consumés ; la cathédrale reçut des projectiles, et le drapeau de la convention de Genève déployé sur l'hôpital ne préserva point ce dernier édifice. Jusqu'à cinq heures du soir, les Prussiens manœuvrèrent autour de la place cherchant un point faible, espérant que la garnison allait capituler ; leur artillerie s'était, pendant la lutte, rapprochée des remparts, comme pour intimider la population et porter des coups décisifs.

Après cinq heures de combat, il fallut bien reconnaître qu'on ne surprendrait ni la vigilance ni le courage des défenseurs. Notre artillerie avait répondu vigoureusement aux pièces prussiennes, et nos chassepots faisaient dans les rangs ennemis des trouées meurtrières. 40 cadavres et 80 fusils à aiguille furent trouvés dans les jardins qui entourent la ville ; beaucoup de morts avaient été emportés. On n'évalue pas à moins de 600 ou de 700 hommes le nombre des Allemands mis hors de combat dans cette journée. Des ambulances prussiennes furent établies aux environs de Toul et jusqu'à Nancy pour recueillir les blessés ; un parlementaire demanda qu'on voulût bien recevoir et soigner à l'hôpital de la ville dix-sept d'entre eux qui n'auraient pu sans danger être transportés plus loin. Les Prussiens, dans cette première attaque, ne comptaient que sur un simulacre de résistance ; ils s'attendaient même à un succès si facile, que des officiers, en s'éloignant de Nancy le matin, avaient offert aux habitants chez lesquels ils logeaient de se charger de leurs lettres pour Toul et promis de les remettre le soir même. On aurait pu leur répondre ce que disait en 1792 un Français des environs de Verdun au domestique de

Goethe en lui apportant à tout hasard une missive pour Paris, où l'armée de Brunswick se flattait d'entrer sans coup férir : « voilà une lettre qui n'arrivera pas à son adresse. » La confiance était si générale dans l'armée allemande que, le lendemain du combat, le 17 août, à sept heures du matin, on vit arriver à la porte de Moselle un cavalier ennemi qui tenait un cheval en main ; on le laissa s'approcher, le pont-levis s'abaissa pour le faire entrer et se referma sur lui. C'était l'ordonnance d'un officier qui arrivait de Nancy ; son maître lui avait donné rendez-vous à Toul, il croyait la ville prise, y entrait en vainqueur, et, à son grand étonnement, s'y trouva prisonnier.

En résistant avec plus d'énergie que les Prussiens ne l'avaient pensé, la petite forteresse nous rendait le service de retarder la marche des troupes allemandes vers l'intérieur de la France. Le canon de ses remparts, qui battait en même temps la route de Paris et la ligne du chemin de fer, obligeait l'ennemi à de longs détours par des chemins difficiles. Tant que Toul résistait, une des clés de la maison, pour employer l'expression de M. de Bismarck, restait entre nos mains. Sans la libre disposition de la voie ferrée, l'armée d'invasion ne pouvait recevoir rapidement ni vivres ni munitions. On comprend alors combien il importait aux généraux allemands de supprimer cet obstacle ; le temps pressait : à peine avaient-ils échoué par la force qu'ils essayèrent de négocier. Le 18 août, un parlementaire demanda le libre passage des troupes prussiennes sous les murs de la ville, et promit en échange qu'elles s'abstiendraient de tout acte d'hostilité. Cette convention, qui eût épargné à Toul les douleurs d'un siège aux dépens de la France, qui eût sacrifié l'intérêt de la défense nationale à l'intérêt particulier des habitants, fut rejetée sans hésitation par le commandant de place, assuré de répondre par son refus au sentiment public. Un convoi ennemi ayant tenté néanmoins de s'engager sur la voie ferrée pendant la nuit, on le reçut à coups de fusil, et l'on s'empara d'une voiture de vivres.

A dater de cette époque commence le blocus de la place, blocus qui ne met un terme ni au bombardement ni aux tentatives de négociation. Les Prussiens établissent, à la distance de 2,000 ou de 2,500 mètres du rempart, des postes de 30 ou de 40 hommes, assez rapprochés pour se donner la main ; ils les relient entre eux par de nombreuses vedettes, ils les relèvent, ils les soutiennent au besoin, en occupant tout autour de la cité, en arrière de leur première ligne, les villages de Fontenoy, de Bruley, de Pagney, d'Écrouves, de Chaudeney et de Gye. Leur but est d'isoler les habitants de Toul du reste de la France, de ne leur laisser aucun espoir d'être secourus, afin de les intimider plus facilement le jour où on les attaquera, ou de les séduire, si on le peut, par la perspective d'une capitulation avantageuse. La terreur et la ruse, voilà les deux armes de guerre dont les Allemands se servent, pendant toute la campagne, avec une habileté fort différente de la candeur naïve que l'ignorance française leur attribuait. Tantôt durs et menaçants, tantôt prodigues de promesses et d'offres séduisantes, au fond uniquement occupés de brusquer les choses et d'obtenir un succès rapide, ils emploient quelquefois dans la même journée, pour arriver à leurs fins, la diplomatie et le canon.

Le 23 août, par exemple, un nouveau parlementaire sommait la place de se rendre, et, sur le refus du commandant, l'artillerie prussienne mettait en batteries cinquante pièces de campagne. Comme à Strasbourg, comme partout, ce ne sont pas les remparts que l'ennemi attaque ; il dirige son feu sur la ville même, afin d'effrayer les habitants ; puis, quand beaucoup de maisons ont été atteintes, quand un vaste magasin brûle et que le *moment psychologique* paraît arrivé, le feu cesse tout à coup, les assiégeants arborent le drapeau blanc, et des officiers, porteurs des propositions les plus favorables, demandent à franchir les ponts-levis. Ils comptent pour réussir sur le brusque contraste du mal qu'ils viennent de faire et des conditions avantageuses qu'ils proposent. Pourvu qu'on capitule, c'est-à-dire pourvu qu'ils obtiennent tout de suite le libre passage de leurs troupes et de leurs trains de chemin de fer près des murs de la ville, ils se montrent coulants sur les termes de la capitulation : le commandant de place lui-même les dictera, on laissera sortir la garnison avec armes et bagages ; on va jusqu'à faire entendre que les habitants seront indemnisés des dégâts causés par les obus. L'énergique officier qui commandait Toul devina le piège qu'on lui tendait. L'insistance des Prussiens, le caractère inusité de leurs propositions, indiquaient assez le prix qu'ils attachaient à la reddition de la forteresse. Quel dommage ! s'écria l'un des deux parlementaires, lorsqu'il apprit le refus du commandant de place. Il était difficile de croire que cette exclamation lui fût arrachée par un sentiment d'humanité : il pensait sans doute beaucoup moins aux futures souffrances de Toul qu'à la déception de ses chefs et aux obstacles que la résistance de la place opposerait longtemps encore à la marche des armées prussiennes. Il essaya encore sans plus de succès d'ébranler le courage des assiégés en annonçant que le maréchal Bazaine était coupé de l'empereur et enfermé dans Metz. « Vous êtes braves, dit-il en se retirant, vos soldats sont effrayants dans le combat, mais vous êtes trop peu nombreux.» A peine était-il rentré au camp prussien que, pour ne laisser aucun doute sur leurs dispositions, les ennemis recommencèrent leur feu. La diplomatie ayant terminé son œuvre, le canon reprenait la parole et foudroyait cette ville qu'on affectait de vouloir arracher à la destruction. Vaines tentatives ! La force ne réussissait pas mieux que la ruse. Vers le soir, les Prussiens comprirent l'inutilité de leurs attaques, et l'artillerie de campagne, détachée de l'armée du prince royal, rejoignit en toute hâte le gros des forces ennemies.

Il ne reste plus aux Allemands qu'à continuer et à resserrer le blocus en attendant les pièces de siège qu'ils font venir de Marsal. Leur vigilance n'empêche point cependant quelques nouvelles de pénétrer dans la ville ; mais ce ne sont, hélas ! que de fausses nouvelles, propagées, comme cela est arrivé si souvent pendant cette campagne, par la vanité et la crédulité nationales. Avant la triste expérience de 1870, les Français n'acceptaient qu'avec une peine infinie l'idée d'une défaite de leurs armes ; ils se croyaient naïvement invincibles et s'irritaient même qu'on en doutât. La foule traitait avec défiance, presque en ennemis, ceux qui se hasardaient à exprimer quelques craintes ou qui accueillaient sans protestation l'annonce de nos revers. On voulait des succès, on les attendait comme s'ils nous étaient dus, et la vérité se faisait jour difficilement à travers les illusions du public. S'agissait-il au contraire d'une rumeur favorable à notre cause, si invraisemblable et si extravagante qu'elle fût, il se trouvait aussitôt des messagers pour la répandre et des milliers de gens pour y croire. Toul a connu cette maladie des villes assiégées, qui espèrent à chaque instant la délivrance, qui voient déjà l'ennemi battre en retraite et entendent le canon d'une armée de secours. Un jour on annonçait aux habitants qu'on voyait poindre à l'horizon les pantalons rouges des régimens français ; un autre jour, que le maréchal de Mac-Mahon venait de remporter une victoire à Joinville, d'opérer sa jonction avec le maréchal Bazaine et de faire prisonnier le prince royal de Prusse. Les nouvellistes ne rajeunissaient guère leurs inventions ; c'était déjà par le même mensonge qu'on avait causé une fausse joie à la population parisienne au commencement de la campagne. La réalité démentait bientôt ces espérances ; à peine Toul avait-il cru à un succès de nos armes qu'on y apprenait, par une communication prussienne, le désastre de Sedan.

Le 7 septembre, les pièces de siège que les Prussiens avaient demandées arrivèrent de Marsal. En entendant derrière le mont Saint-Michel de nombreuses détonations, on crut d'abord dans la place à l'arrivée d'un corps français ; c'étaient nos ennemis qui essayaient le tir et la portée des canons qu'ils nous avaient enlevés. Quand ils eurent terminé ces essais, ils se mirent en batterie à 1,500 mètres des remparts, abrités par des accidents de terrain, dissimulés même par un rideau d'arbres aux yeux de la vigie qui les observait du haut de la cathédrale. De là ils font pleuvoir à dessein, par-dessus les remparts qu'ils évitent de toucher, une grêle d'obus sur les habitations. En neuf heures de bombardement, ils ont brûlé trois maisons, allumé de nombreux incendies, traversé plusieurs bâtiments du toit à la cave, tué deux bourgeois qui travaillaient à éteindre le feu. Ils espéraient encore par la terreur obtenir la capitulation de la ville. Le gouverneur prussien de Nancy avait déjà pris la route de Toul avec l'espoir d'y entrer immédiatement. Cet

125

officier ne se retira que vers le soir, après avoir vainement attendu l'apparition du drapeau parlementaire sur la tour de la cathédrale.

Depuis ce moment, les Prussiens ne comptent plus uniquement sur le succès de quelque surprise ; c'est un siège en règle qu'ils entreprennent, en accumulant une masse énorme d'artillerie. Ils accablent de projectiles une partie des remparts, afin d'éteindre le feu du petit nombre de pièces qui leur répondent. Leurs batteries placées en arrière de la crête des collines, abritées par des épaulements, cachées à la vue des assiégés, dominent et écrasent l'artillerie de la place. Celle-ci répond vigoureusement, tant qu'elle peut répondre ; mais que faire contre des coups tirés de si près, dans une position si favorable, et avec une telle précision qu'ils atteignent l'embrasure des pièces et en mettent les servants hors de combat ? Une grande brèche est ouverte dans la façade de la caserne d'infanterie, l'hôpital est criblé d'obus, les malades fuient de chambre en chambre ; une amputation commencée est interrompue deux fois par l'explosion des projectiles dans deux salles successives et ne peut se terminer que dans les caves. Afin d'entretenir parmi les habitants de perpétuelles inquiétudes, des bombes lancées de demi-heure en demi-heure pendant le jour, de quart d'heure en quart d'heure pendant la nuit, balaient les rues et éclatent sur les maisons. On espère aussi les amener à capituler, comme on l'a essayé à Strasbourg, en mutilant le principal édifice de la ville, l'église qui fait leur orgueil et qui parle à l'étranger de leur ancienne gloire. Le 18 septembre, à cinq heures du soir, sans provocation, sans motif apparent, une canonnade furieuse dirigée avec intention contre le portail de la cathédrale y fit tomber cinq cents obus, ébrécha l'élégante balustrade qui couronne l'une des tours, et joncha le parvis de fragments de sculptures. Est-ce dans le même espoir ou par un odieux sentiment de vengeance que les assiégeants canonnaient quelques jours plus tard la façade monumentale de l'hôtel de ville ? Que de mutilations ont été ainsi accomplies de sang-froid pendant cette guerre, sans produire d'autres résultats que d'irriter les courages, d'exaspérer la résistance et de laisser dans les cœurs des germes de haine ineffaçables ! La Prusse ne se justifiera pas d'avoir détruit sans nécessité, sans l'ombre d'un profit pour sa cause, tant de vies innocentes et déshonoré tant de monuments. Les ruines qu'elle a semées sur son passage n'ont servi qu'à prouver le néant de ses prétentions civilisatrices et le mensonge de sa philosophie humanitaire. Autrefois, les actes de destruction n'étaient qu'un accident ; on les attribuait aux emportements de la lutte, à la brutalité du soldat. En 1870, la destruction est devenue systématique ; on a détruit avec méthode pour semer la terreur et hâter la victoire. Est-ce là ce qu'on appelle en Allemagne travailler au progrès des idées et régénérer les peuples ? Dieu préserve le reste de l'Europe d'être civilisé à ce prix, et de connaître les bienfaits de la mission providentielle que s'attribuent les Allemands !

Le siège de Toul durait depuis quarante jours ; sur ce point unique les communications rapides étaient interrompues entre l'Allemagne et les troupes qui commençaient à investir Paris. Pressé d'en finir, de prendre possession de la ligne principale du chemin de fer de l'Est, pour accélérer le transport des munitions, de l'artillerie, des réserves, le roi de Prusse ordonna au grand-duc de Mecklembourg-Schwerin, qui occupait Reims, de marcher sur Toul avec un corps de troupes et

127

de s'emparer à tout prix de la petite forteresse. En exécution de ces ordres, le 23 septembre, 15,000 hommes entouraient la place, et 93 pièces de gros calibre, soutenues par une réserve de 21 canons, la battaient en brèche. Dès cinq heures du matin, les batteries prussiennes croisaient leurs feux sur les remparts et sur les maisons, incendiaient en partie les faubourgs de Saint-Mansuy et de Saint-Epvre, brûlaient les habitations éparses au milieu des jardins et entouraient la ville d'une ceinture de flammes. En quelques heures, la demi-lune qui couvre la porte de France recevait des milliers de projectiles, un obus y brisait les chaînes du pont-levis et faisait tomber le tablier ; ailleurs, dans une maison enflammée, une jeune fille était coupée en deux, des éclats atteignaient une femme et un enfant. L'artillerie de la place, écrasée par des feux convergents et plongeants auxquels elle ne pouvait répondre, subissait des pertes cruelles ; 30 artilleurs tombaient autour des pièces, grièvement ou mortellement atteints. Toute résistance paraissait désormais impossible ; prolonger la lutte, c'était condamner la ville à une ruine certaine, faire verser beaucoup de sang pour n'obtenir d'autre résultat que de retarder de quelques heures un dénouement inévitable. Cependant le brave officier qui commandait la place ne parlait pas de se rendre ; il ne se décidait à arborer le drapeau blanc qu'après une démarche du maire et du conseil municipal, sur l'avis unanime du conseil de défense. Il fallut se soumettre au nouveau code militaire inauguré par les Prussiens et subir les dures conditions de la capitulation de Sedan. Le temps n'était plus où les garnisons qui avaient fait leur devoir jusqu'au bout obtenaient du vainqueur le droit de sortir de la place avec les honneurs de la guerre, en emportant leurs armes dans leurs foyers. L'humiliation presque sans exemple que l'empereur avait acceptée pour son armée, à laquelle n'eût jamais souscrit ni son oncle, ni aucun général de la première république, ni aucun prince de la maison de France, devenait maintenant le texte légal de toutes les conventions proposées par l'ennemi. La garnison de Toul fut désarmée comme l'avaient été les troupes françaises à Sedan, et emmenée prisonnière en Allemagne. On obtint seulement, comme témoignage d'estime pour la courageuse conduite des habitants, que les gardes mobiles originaires de la ville pourraient y demeurer sur parole. En résumé, la petite forteresse avait bien mérité de la patrie, ainsi que le reconnaissait un décret du gouvernement, confirmé par l'assemblée nationale. Toul, abandonné à ses propres ressources, avec un système de fortifications incomplet et défectueux, avec une faible garnison dépourvue d'expérience et d'instruction militaires, séparé de la France, averti néanmoins de nos désastres par les communications prussiennes, et ne pouvant compter sur aucun secours, avait repoussé une attaque de vive force en infligeant à l'ennemi des pertes considérables, résisté à sept sommations accompagnées tantôt de menaces, tantôt d'offres séduisantes, subi quatre bombardements, forcé l'ennemi à déployer sous ses murs 15,000 combattants et à mettre en batterie pour le réduire cent quatorze pièces de siège. Presque toutes les maisons de la ville portaient la trace des bombes et des obus, dix-huit bâtiments particuliers ou appartenant à l'état tombaient en ruines. A ce prix, on avait gardé la route de Paris et retardé de plusieurs jours la marche des convois prussiens.

## II

Il serait fastidieux de raconter longuement, après les péripéties du siège de Toul, les incidents analogues du siège de Verdun. Partout l'armée prussienne opéra de même ; partout aussi en Lorraine les villes assiégées opposèrent une égale résistance aux attaques dont elles furent l'objet. La position de Verdun, situé dans une plaine, dominé de tous côtés par des hauteurs d'où l'artillerie moderne peut foudroyer la ville, n'était pas plus facile à défendre que celle de Toul. En y arrivant le 16 août, l'empereur parut surpris qu'on n'eût pas couronné de forts les collines environnantes, et exprima la crainte qu'une place aussi mal fortifiée fût hors d'état de soutenir un siège. Il eût mieux valu y penser avant de déclarer la guerre. A peine la lutte était-elle commencée qu'on s'apercevait partout de ce qui nous manquait pour la soutenir. Si l'empereur eût été moins occupé alors de son propre salut, il eût pu remarquer aussi l'insuffisance de la garnison de Verdun et y laisser derrière lui la brigade de chasseurs d'Afrique ou tout au moins le bataillon de grenadiers de la garde qui lui servaient d'escorte. Abandonnée à elle-même, la place ne renfermait que des forces trop peu nombreuses pour garder son vaste périmètre et servir les cent quatre-vingts pièces de ses remparts. Il ne s'y trouvait d'ailleurs qu'une poignée de soldats exercés ; 2 bataillons de dépôt d'infanterie, 1 escadron de dépôt de cavalerie, 2 bataillons de gardes mobiles, 1 bataillon de gardes nationaux armés depuis quinze jours à peine de fusils à tabatière, 2 batteries d'artillerie de campagne, des artilleurs improvisés dans la garde mobile et dans la garde nationale, voilà le modeste effectif dont le commandant supérieur de la place disposait au commencement du siège. On ne s'attendait pas, du reste, à être attaqué. On avait d'abord compté sur une marche victorieuse du maréchal Bazaine, qui eût trouvé à Verdun d'immenses approvisionnements envoyés à sa rencontre ; plus tard, on croyait à un plan concerté entre le commandant en chef de l'armée du Rhin et le maréchal de Mac-Mahon pour écraser les Prussiens en les prenant entre deux feux, — on savait vaguement que des gardes forestiers traversaient les lignes ennemies au milieu des plus grandes difficultés, et mettaient en communication les deux maréchaux. Une bataille décisive paraissait imminente, lorsque, le 24 août, les Allemands tentèrent une de ces surprises qu'ils avaient déjà essayées à Toul, afin d'obtenir par un coup d'audace la prompte reddition de la ville.

Dès neuf heures et demie du matin des masses d'infanterie sortaient des bois, s'éparpillaient dans la plaine en tirailleurs, s'embusquaient derrière les haies, s'établissaient dans les maisons des faubourgs et dirigeaient leurs feux sur la place. Rien n'avait annoncé l'approche des Allemands : nous étions surpris encore, comme nous l'avions si souvent été depuis l'ouverture de la campagne ; mais au premier signal soldats et gardes nationaux avaient couru à leur poste sur les remparts. Leur artillerie canonna les batteries allemandes qui prenaient position, avec une grande rapidité et une grande sûreté de mouvements, à 2 kilomètres de la place. Dès ce premier jour la population civile, associée au péril de l'armée, éprouvait des pertes cruelles ; six gardes nationaux tombaient frappés mortellement au bastion Saint-Victor, un vieillard était tué dans la rue par un éclat d'obus, dix-sept projectiles pénétraient dans le séminaire transformé en ambulance, protégé par le drapeau de la convention de Genève, et y faisaient deux victimes. De son côté l'ennemi, en se montrant plus que d'habitude, s'exposait au feu des remparts, qui, en peu de temps, mettait hors de combat près de 600 hommes. L'attaque de vive force sur laquelle on avait compté, comme à Toul, pour surprendre la garnison et décider par un coup d'audace la ville à se rendre, échouait évidemment ; il ne restait plus aux Allemands qu'à battre en retraite devant une résistance à laquelle leurs officiers s'attendaient si peu qu'ils se vantaient dans les villages voisins de pouvoir déjeuner à Verdun le 24 août. Pendant la plus grande partie de la nuit, on vit des feux allumés sur les hauteurs ; vers trois heures du matin, ces feux s'éteignirent, et le roulement lointain des voitures annonça le départ des troupes ennemies. C'était le prince George de Saxe qui avec 6,000 soldats, soutenus par une puissante réserve et quarante pièces de canon, avait tenté à tout hasard d'emporter en passant la place de Verdun.

Dans les derniers jours du mois d'août, quelques expéditions heureuses entretenaient et fortifiaient le courage des habitants ; les francs-tireurs surprenaient aux environs des convois et des groupes de soldats allemands qu'ils ramenaient dans la ville. On attendait d'ailleurs avec la confiance naturelle aux Français l'annonce de quelque victoire. Cette illusion dura peu ; dès le 2 septembre, un jeune convoyeur qui rentrait à Verdun après avoir accompagné l'armée française annonçait le désastre de Sedan. On refusait d'y croire, tant la nouvelle paraissait terrible et invraisemblable, lorsqu'un parlementaire allemand la confirma en venant proposer au commandant supérieur de la place les conditions toutes préparées d'une capitulation que le gouvernement prussien considérait comme inévitable.

Nos ennemis ne perdaient pas de temps ; après avoir pris notre armée, ils espéraient du même coup faire tomber nos places fortes par la simple annonce de nos revers. Un vigoureux officier d'Afrique, le général Marmier, frère du célèbre voyageur, qui commandait Verdun pendant une maladie du général Guérin de Waldersbach, refusa énergiquement de se rendre. Les jours suivants arrivèrent en grand nombre aux portes de la ville des prisonniers français qui s'étaient évadés sous la blouse du paysan des Ardennes. Plus de 2,000 hommes, parmi lesquels on comptait heureusement des artilleurs, vinrent ainsi renforcer la garnison.

Aussitôt les travaux de défense furent activement poussés, on établit des blindages au-dessus des pièces de rempart, on fit des terrassements, on rasa les maisons d'un florissant faubourg afin de dégager les abords de la place. On connaissait les points faibles de l'enceinte, et l'on craignait toujours quelque surprise nocturne. Ce fut même, dit-on, le principal souci du commandant en chef. Il s'attendit pendant longtemps à une attaque de vive force et ne négligea rien pour la repousser. On ne savait point alors à Verdun, plus tard on ne sut pas davantage à Paris, que tant de précautions ne sont pas nécessaires à l'intérieur des villes, que l'Allemagne ne monte point à l'assaut, et qu'au lieu d'exposer ses soldats dans des combats meurtriers, elle se borne à bombarder les maisons et les remparts sans se piquer de la vaine gloire de paraître sur la brèche.

En attendant que le bombardement commençât, les Prussiens accomplissaient au mois d'octobre un exploit non moins glorieux. Ils n'admettaient point, on le sait, qu'il fût permis à la population civile de défendre sa patrie et ses foyers ; ils punissaient de mort toute tentative de résistance, et au besoin même la moindre participation des habitants aux événements de la guerre. Un notable du village de Charny, à 9 kilomètres de Verdun, en fit la cruelle expérience. Son seul crime était d'avoir prêté ou laissé prendre son cheval pour qu'on allât demander main-forte à la garnison de la place contre une cantinière et des soldats prussiens qui dévastaient le moulin de Charny. Il est vrai que trois jours après, dans ce même village, deux officiers de dragons allemands, attablés dans une maison, avaient été surpris et tués par des francs-tireurs. M. Violard, le propriétaire du cheval incriminé, était demeuré complètement étranger à ce drame. Ce n'était pas lui, ce n'étaient même pas des habitants de Charny qui avaient prévenu les francs-tireurs de la présence des Prussiens, on ne l'en accusait pas, on l'accusait simplement d'avoir fourni une monture quelques jours auparavant pour aller chercher des gendarmes français à Verdun. Cette seule charge relevée contre lui suffit pour le faire condamner. Il fallait une victime, on voulait venger la mort des deux officiers prussiens et remplir de terreur la population, M. Violard fut désigné ; après avoir emprisonné le maire, l'adjoint et plusieurs notables de Charny, on ne trouva que lui contre lequel on pût échafauder l'apparence d'une accusation. On fit semblant de le juger, on se livra à une enquête, on le soumit à de nombreux interrogatoires, on entoura sa condamnation du mensonge d'un appareil juridique, et quand la lugubre comédie du jugement fut terminée, quand la méthodique Allemagne eût rassuré sa conscience par l'hypocrisie des formes employées, elle fit fusiller sans merci l'infortuné prisonnier. « M.

Violard, disait le texte du jugement, avait manifesté de mauvaises intentions à l'égard de l'armée allemande et par conséquent mérité la mort. » Il eût été plus simple de dire que, deux officiers de marque ayant été tués dans le village de Charny, on choisissait une victime expiatoire parmi les notables du pays.

Après une violente canonnade, qui sembla n'avoir d'autre but que d'essayer la portée des pièces de siège, l'ennemi se rapprocha de la place au commencement d'octobre et resserra le blocus. Des sentinelles gardaient toutes les hauteurs, surveillaient les chemins, et ne laissaient personne traverser les lignes prussiennes. On ne permettait même pas aux cultivateurs de travailler dans les champs ; quelques-uns de ceux qui essayèrent de violer la consigne reçurent des coups de fusil. On raconte cependant l'odyssée d'un paysan qui parvint à franchir le cordon de sentinelles en se faisant accompagner jusqu'à une certaine distance par sa petite fille, — qui, tantôt se détournant, tantôt revenant sur ses pas, parcourut environ deux cent soixante lieues pour éviter les postes prussiens, pénétra dans Paris pendant le blocus, y apporta à M. X. Marmier des dépêches du général, réussit à en sortir et même à rentrer dans Verdun.

Malgré les précautions prises par l'ennemi pour empêcher toute communication entre la place et les villages voisins, le bruit se répandait à Verdun que d'énormes pièces d'artillerie et de longs convois de munitions arrivaient chaque jour au camp prussien. On prévoyait une attaque, ce fut un bombardement qu'on eut à subir. Les scènes de Strasbourg et de Toul se reproduisirent alors. Les bombes allumaient l'incendie, et chaque fois qu'on essayait d'éteindre le feu, des projectiles dirigés avec persistance sur le même point éclataient au milieu des travailleurs sans les décourager. Pendant cinquante-six heures quatre-vingts pièces de gros calibre vomirent ainsi sur la ville près de 22,000 obus. Trente bâtiments étaient brûlés, plus de cent maisons détruites ; il ne restait de la citadelle que des pans de murailles noircis et percés à jour. Quoiqu'une partie des habitants se fût réfugiée et eût vécu dans les caves, la population civile comptait plusieurs victimes : 66 soldats, presque tous artilleurs, avaient été mis hors de combat. Ce fut une consolation d'apprendre que l'ennemi, de son côté, avait éprouvé des pertes, et que les batteries prussiennes de la côte Saint-Michel, envoyant maladroitement leurs projectiles par-dessus la place, avaient tué à Glorieux des soldats et des officiers prussiens.

Quand le bombardement fut terminé, un parlementaire ennemi se présenta pour demander un échange de prisonniers. Le général Guérin de Waldersbach écrivit aussitôt au commandant des troupes prussiennes avec l'indignation d'un vieux soldat peu préparé aux scènes lamentables qu'il venait d'avoir sous les yeux. « Je profite de cette lettre, disait-il, pour vous exprimer le sentiment qui pénètre chez moi sur la manière dont vous avez attaqué la ville de Verdun ; j'avais pensé jusqu'à ce jour que la guerre entre la Prusse et la France devait être un duel entre les deux armées, et j'étais loin de m'imaginer que des habitants inoffensifs, des femmes et des enfants, verraient leur fortune et leur vie si injustement engagées dans la lutte. Si vous pensez, général, que cette manière d'agir de votre part, que je me dispense de qualifier, peut contribuer en quoi que ce soit à hâter la reddition de la place, vous êtes dans une profonde erreur ; car ce que les habitants ont souffert jusqu'à ce jour n'a contribué, vous pouvez me croire, qu'à augmenter chez eux l'abnégation que commandent leur position et leurs sentiments patriotiques. Ni la pluie des bombes et des boulets, ni les privations auxquelles la garde nationale et l'armée peuvent être exposées ne les empêcheront de faire leur devoir jusqu'au dernier moment.» Ainsi pensaient en effet les habitants ; le maire de la ville remercia le jour même le commandant supérieur de la place d'avoir si bien exprimé les sentiments de tous.

On s'attendait à un nouveau bombardement ; pour le prévenir et pour épargner à la ville de cruelles épreuves, le général Guérin de Waldersbach prescrivit deux sorties où il se proposait de détruire les travaux de siège de l'ennemi. La première eut lieu dans la nuit du 17 au 18 octobre, la seconde dans la nuit du 27 au 28 du même mois. Toutes deux réussirent, quoique la seconde fût chèrement achetée par une lutte sanglante au village de Thierville. On surprit les Prussiens endormis près de leurs pièces, on bouleversa leurs ouvrages, on tua des artilleurs, on ramena des prisonniers, on encloua des canons. A qui persuadera-t-on que de telles entreprises n'aient pas été possibles autour de Metz et autour de Paris ?

La place de Verdun aurait tenu quelque temps encore après le bombardement, si la nouvelle de la capitulation de Metz n'eût rendu désormais tous les efforts inutiles. En quelques jours les Prussiens allaient accumuler sur les bords de la Meuse une artillerie écrasante, et en quelques heures, de tous les points élevés qu'ils occupaient, foudroyer la ville. Les habitants ne demandaient pas néanmoins qu'on renonçât à la lutte, ils étaient prêts à tous les sacrifices ; mais le général

Guérin de Waldersbach voulut leur épargner des souffrances sans résultats, obtenir surtout, lorsqu'il en était temps encore, des conditions qu'on lui eût refusées sur les ruines de la place. Il capitula donc, le 7 novembre, devant 15,000 ennemis, 2,000 artilleurs et 140 pièces de gros calibre, mais en stipulant par une clause expresse, qui n'avait été acceptée ni à Toul ni à Strasbourg, que tout le matériel de guerre contenu dans la ville, les canons, les chevaux, les équipages de l'armée, les munitions, les approvisionnements de toute espèce, seraient rendus à la France après la conclusion de la paix. Aujourd'hui encore nos pièces restent sur les remparts, nos fusils dans les arsenaux, nos poudres dans les magasins ; nous retrouverons après le départ de l'ennemi ce que la guerre ne nous avait enlevé que pour un temps. Ailleurs l'Allemagne a tout pris, emporté ce qui lui convenait, vendu ce qu'elle ne pouvait emporter, vidé les casernes et tous les établissements militaires, arraché jusqu'aux serrures des portes, jusqu'aux ferrements des fenêtres, jusqu'aux anneaux scellés dans les murs.

Valait-il mieux prolonger la lutte et tout détruire avant de se rendre, afin de ne laisser à l'adversaire aucun butin ? Valait-il mieux tout sauver, ainsi que le fit le général Guérin de Waldersbach ? Les juges militaires en décideront ; à eux seuls de prononcer sur ce qu'exige le respect de la loi, sur ce que commande le devoir du soldat. On a simplement voulu rappeler ici la communauté d'efforts des habitants et de la garnison, l'énergie avec laquelle chacun s'est défendu, tant que les chefs ont jugé utile de continuer la défense, le dévouement de la population, qui n'a refusé aucun sacrifice, qui était prête à en accepter de nouveaux, qui se résignait d'avance au plus terrible des bombardements, à la ruine, à la mort, lorsque la capitulation fut signée. Au milieu des épreuves qu'elle traverse, la Lorraine conserve le droit de se dire qu'elle n'est point restée au-dessous de ce que la France attendait de son patriotisme, et que, si la fortune lui est aujourd'hui contraire, son courage, sa patience, sa dignité dans le malheur méritaient un meilleur sort.